LA TUNISIE

GÉOGRAPHIE, ÉVÉNEMENTS DE 1881
ORGANISATION POLITIQUE ET ADMINISTRATIVE
ORGANISATION JUDICIAIRE
INSTRUCTION PUBLIQUE, FINANCES, ARMÉE, COMMERCE
INDUSTRIE, TRAVAUX PUBLICS, SYSTÈME MONÉTAIRE

PAR

AMÉDÉE RIVIÈRE

Lauréat, Correspondant général pour la France
de l'Académie Mont-Réal de Toulouse, Délégué général, Membre du Comité
de la Société littéraire de France,
Lauréat de l'Académie de Saint-Marin,
Membre d'honneur des concours poétiques du Midi de la France, etc.,
Collaborateur à « l'Union artistique et littéraire de Nice »,
à la « Revue Tunisienne », (Tunis).

Préface par M. Albert MAILHE

Président de l'Académie Mont-Réal de Toulouse,
Membre de l'Académie des Arcades de Rome,
Commandeur de l'Ordre du Nicham Iftikhar, etc., etc.

PARIS
CHALLAMEL AINÉ, ÉDITEUR
LIBRAIRIE ALGÉRIENNE ET COLONIALE
5, rue Jacob, et rue Furstenberg, 2

1887

LA TUNISIE

LA TUNISIE

GÉOGRAPHIE, ÉVÉNEMENTS DE 1881
ORGANISATION POLITIQUE ET ADMINISTRATIVE
ORGANISATION JUDICIAIRE
INSTRUCTION PUBLIQUE, FINANCES, ARMÉE, COMMERCE
INDUSTRIE, TRAVAUX PUBLICS, SYSTÈME MONÉTAIRE

PAR

Amédée RIVIÈRE

Lauréat, Correspondant général pour la France
de l'Académie Mont-Réal de Toulouse, Délégué général, Membre du Comité
de la Société littéraire de France,
Lauréat de l'Académie de Saint-Marin,
Membre d'honneur des concours poétiques du Midi de la France, etc.,
Collaborateur à « l'Union artistique et littéraire de Nice »,
à la « Revue Tunisienne » (Tunis).

Préface par M. Albert MAILHE

Président de l'Académie Mont-Réal de Toulouse,
Membre de l'Académie des Arcades de Rome,
Commandeur de l'Ordre du Nicham Iftikhar, etc., etc.,

PARIS
CHALLAMEL AINÉ, ÉDITEUR
LIBRAIRIE ALGÉRIENNE ET COLONIALE
5, rue Jacob, 5

1887

PRÉFACE

Je termine la lecture des pages intéressantes que notre sociétaire, M. Amédée Rivière, m'a fait l'honneur de soumettre à mon appréciation.

Elles sont l'œuvre d'un bon patriote et d'un chercheur intelligent.

Amédée Rivière n'a eu d'autre but en les écrivant que celui d'être utile à son pays en l'édifiant sur tout ce qui, de près ou de loin, peut toucher au sol tunisien où la France vient de planter son glorieux drapeau.

Qu'on parcoure, comme je l'ai lu, le volume d'Amédée Rivière.

On n'y trouvera certes point de ces aventures fantaisistes qui défrayent les soirées d'un public avide d'émotions; point de légendes sous les brillantes clartés des nuits orientales ni d'extatiques amours dans les effluves parfumées du Harem, sur les divans des Aïcha ou des Fathma lascives. — Amédée Rivière a laissé, pour des sujets meilleurs, almées, eunuques, cimeterres, etc., etc., dans le magasin aux accessoires, d'où les faiseurs de feuilletons à la mode les tireront un beau matin, pour la plus grande joie de leurs lecteurs et le soulagement de leur imagination en détresse.

J'avoue en toute sincérité que la poésie, fille de l'Orient, peut être en tout cela parfaitement dans son milieu, et qu'un conteur à la plume exercée sait réunir bien des suffrages, avec des récits empruntés à la terre où sont écloses les féeries des *Mille et une Nuits*. Je reconnais aussi que l'esprit aime à se reposer dans ces fictions, qui ont pour principal mérite de l'arracher à la réalité brutale, et je ne saurais, en conséquence, essayer une critique intempestive contre qui dépense son temps à jeter quelques fleurs sur les ronces quotidiennes de notre existence.

Il y a presque en cela œuvre philanthropique, et la philanthropie a, dès longtemps, conquis ses droits à la considération de l'humanité.

En applaudissant donc à la diversité des mérites, il est bon d'avancer, toutefois, que l'historien qui instruit prime le romancier qui délasse, et qu'il est de bonne équité d'adresser au premier des éloges dont le second n'a droit qu'à une faible part.

Dès que l'étendard aux trois couleurs, ai-je dit, a flotté sur l'antique cité carthaginoise où il abrite sous ses plis victorieux un peuple barbare et affaibli dans les langueurs du sybaritisme ; dès que, grâce à son influence civilisatrice, il a semé chez lui la graine du progrès et assuré sa prospérité, il importait, à ceux que notre conquête a faits les protecteurs de ce peuple, d'en connaître les mœurs, us et coutumes, l'administration, les ressources et, surtout, le moyen de rendre fructueux à notre patrie le protectorat consenti par le pouvoir beylical.

La tâche était ardue et seul un travailleur infatigable, doublé d'un vrai Français, pouvait l'entreprendre courageusement.

Amédée Rivière avait entre tous le courage et le talent nécessaires, avec le patriotisme qui inspire et répond du succès.

Grâce à son précieux labeur, la Tunisie et ses habitants n'auront plus de secrets pour personne et chacun pourra, désormais, apporter sa pierre à l'édifice commencé, par notre brave armée, au triomphe de la puissance française.

Je n'analyserai qu'en substance l'ouvrage d'Amédée Rivière, car le public, ce public d'élite s'entend, qui le jugera en dernier ressort, ne doit point être prévenu.

Les détails sont précis, les notes d'une exactitude parfaite et leur classement irréprochablement établi.

Le style d'Amédée Rivière procède d'un purisme inattaquable et d'une exquise clarté : il est digne en tout point du reproducteur fidèle de l'histoire d'un pays.

. . . .

Dois-je regretter maintenant que M. Rivière ait confié le parrainage de son importante publication à une voix aussi peu autorisée que la mienne, humble voix qui eût dû retentir, tout au plus, dans l'espace étroit que mesurent les murs d'un cabinet de travail ?

J'ai répondu au vœu de l'auteur que j'affectionne, et c'est ma seule excuse auprès de ceux qui me liront. Ils trouveront d'ailleurs une si large compensation dans le travail d'Amédée Rivière que celui-là, j'en ai l'espoir, fera pardonner celui-ci.

Qu'il me soit permis, en concluant, d'adresser un souvenir ému et un hommage sincère à la mémoire de tous ceux qui sont tombés, là-bas, entre les coups d'un ennemi acharné et une latitude meurtrière.

La France, reconnaissante et généreuse, n'a pas oublié leurs noms et chacun des morts et des survivants a eu sa part de ses regrets et de sa gratitude.

Je ne doute pas que ses largesses s'étendent, dans un avenir prochain, sur l'écrivain distingué qui a si noblement honoré leur valeur en nous faisant aimer la terre conquise au prix inestimable de leur bravoure et de leur sang.

Albert MAILHE.

LA TUNISIE

I

NOTIONS GÉOGRAPHIQUES

La Tunisie est bornée au Nord et au Nord-Est par la Méditerranée qui forme le golfe de Sidre et de Gabès, au Sud-Est par la Régence de Tripoli, au Sud par le désert de Sahara et à l'Ouest par l'Atlas et l'Algérie (province de Constantine). Elle s'étend du 32° 20' au 37° 20' de latitude nord, et du 5° 40' au 9° 12' de longitude orientale. Il serait bien difficile d'indiquer exactement quelle est la superficie de la Tunisie, mais on peut conclure qu'elle est environ de 13 millions d'hectares (telle est l'opinion des géographes les plus éminents). Ce pays équivaudrait donc comme surface au quart de la France.

Le Beylick tunisien se divise en trois parties : 1° le *Sahel* ou littoral ; 2° le *Tell* ou *Férika*, région montueuse au Nord couverte par les deux chaînes de l'Atlas et sillonnée par de belles vallées ;

3° au Sud, le *Sahara tunisien* ou *Beled El Djerid* (pays des dattes).

OROGRAPHIE. RELIEF DU SOL. — La Tunisie est la prolongation naturelle de l'Algérie, l'extrémité orientale du Maghreb. Ses montagnes, coupées à l'Ouest par une vague frontière artificielle, continuent les chaînes de l'Atlas qui sillonnent la province de Constantine. L'expédition française de 1881 a fait connaître déjà l'ensemble de ces plateaux, dont le plus considérable s'étend entre la côte (du cap Roux au cap Blanc) et l'Oued Medjerda. C'est le pays des Khroumirs, hérissé de sommets escarpés, hauts de 1.500 à 2.000 mètres, dont les versants se terminent brusquement au Nord sur la Méditerranée (djebel Merkenah, djebel Akmar, djebel Mograd) et s'ouvrent au Sud par des vallées secondaires vers la Medjerda. Ces plateaux sont couverts de forêts presque impénétrables de chênes-lièges. Leur structure, leur formation géologique et leurs populations rappellent les massifs de la Kabylie. A droite de la Medjerda, le djebel Bel-Akhmesa et le djebel Kora, entre Kef et Teboursouk, le djebel Safra, forment le rebord méridional du Tell tunisien. — Un second plateau se dresse entre Tunis et Kairouan et se prolonge au Nord et dans la presqu'île Dakheba jusqu'au ras

Addar (cap Bon); il est dominé par le djebel Ousar, le djebel Zaghouan et la chaîne du djebel Sidi-Abder-Khaman : les Romains les appelaient *Mons Zeugitanus* (de là le nom de *Zeugitane* donné au pays). — Les montagnes du Sud qui sont des ramifications du djebel Aurès, et des monts de Tebessa, ne sont encore qu'imparfaitement connues (djebel Schambi, djebel Semmema, djebel Touïla, djebel Hadjoura): elles enveloppent la région des Schotts et vont se rattacher, par le djebel Oum-el-Dhebbou et le djebel Tarfaoui, au Hammada tripolitain (1).

HYDROGRAPHIE. — La *rivière* la plus importante, la Medjerdah (le Bagradas des anciens), qui a 400 kilomètres de cours, prend sa source en Algérie, traverse la partie septentrionale de la Tunisie dans la direction Nord-Est pour aller se jeter dans le golfe de Tunis. Ses affluents sont, sur la rive droite : le Meliz, le Melègue, le Kralled, le Selian et le Massouge; sur la rive gauche, le Gragraï, l'Herteme, l'Oued Béja et l'Oued Zergua.

Au Nord de l'Oued Medjerdah on trouve l'Oued Tin qui prend sa source à l'Est de Beja, pour se jeter dans le lac Echkheul, près de Bizerte.

(1) *L'Amérique et l'Afrique*, par L. Lanier, agrégé de l'Université. 2 vol. in-12. Paris, 1883-1884.

Un peu au Sud de l'Oued Medjerdah on rencontre l'El Kébir qui commence au mont Balta, côtoie les montagnes des Kmirs et va rejoindre le golfe de Tabarque.

Le second fleuve important de la Régence, l'Oued El Melian, prend sa source près du mont Barkon et va se jeter dans le golfe de Tunis. Il y a, en outre, un certain nombre de fleuves dont l'énumération serait trop longue à faire.

Les côtes de la Régence dessinent deux principaux *golfes :* le golfe de Tunis au Nord, et le golfe de Gabès ou Petite-Syrte au Sud. Au Nord elles présentent deux *caps :* le cap Blanc et le cap Bon, de part et d'autre au golfe de Tunis. En vue de la côte Est émergent les îles Kerkenni, et plus au Sud l'île Djerbi.

Les *lacs* de la Tunisie sont : l'Echkheul, relié au lac de Bizerte par l'Oued Tindja (sa surface est de 8.000 hectares) ; le lac de Bizerte (extrêmement poissonneux), qui communique avec le lac précédent, mesure 12.500 mètres de l'Ouest à l'Est, et 9.700 mètres du Nord au Sud. Sa profondeur varie entre 9 et 13 mètres.

Les *Chotts* ou *Sebkhras* (on appelle ainsi des marais dans lesquels se jettent des ruisseaux) sont : au Sud-Ouest Kélibia, à l'Est et au Sud de Kairouan, Sidi El-Hassi, à l'Ouest-Sud du précédent, Mechguig, Noaïl, près de la route de Gabès à Gafsa, El Mellaha, au-dessous de Djerba et communiquant avec la mer, El Djerid au Sud de la Régence, en enfin Er-R'arsa. On sait que le projet du colonel Roudaire tend à faire relier les Chotts El-Djerid et Er-R'arsa avec le Chott Melr'ir en Algérie pour en faire la mer intérieure. La création d'une mer intérieure, disait le colonel Roudaire, dans son rapport à M. le Ministre de l'Instruction publique, amènerait une amélioration profonde dans le climat de l'Algérie et de la Tunisie, amélioration qui se traduirait par un accroissement considérable de la richesse agricole de ces contrées. Depuis, le colonel Roudaire est mort, mais son projet lui survit. Il y a quelques mois, est partie de Marseille pour la Tunisie, une mission d'ingénieurs et d'hydrographes, chargée de faire toutes les études définitives relativement au projet Roudaire. Cette expédition est dirigée par le commandant Landas, professeur de topographie à l'Ecole Saint-Cyr. Cet homme actif et résolu a sollicité l'honneur de compléter et mener à bonne fin les travaux du colonel Roudaire, dont il a été le collaborateur. Les autres membres de la mission sont MM. Baronnet, ingénieur, également collaborateur du colonel Roudaire, Dru, géologue distingué, ingénieur constructeur d'appareils de sondages, Burle, ingénieur des arts et manufactures, Depêtre, dessinateur qui sera chargé de la partie descriptive.

Dans ces dernières années, la découverte d'un nouveau bassin hydrographique, le lac Triton, a fait grand bruit. Une grande rivière inconnue jusqu'ici descend de Tebessa, se réunit dans la plaine de Kairouan à une autre grande artère que l'on appelle l'Oued Maracuelil, puis, sous le nom d'Oued Bagla, traverse le lac Kelliah et va se perdre dans le golfe de Hammamet. A l'une des séances de l'Académie des Sciences (1884) M. Rouire soutenait que l'Oued Maracuelil n'était autre chose que l'ancien fleuve Triton, et que le Kelliah était le Triton lui-même. Le colonel Roudaire prétendait, au contraire, que la mer d'Hérodote et de Scylax répondait au bassin des Chotts destiné à devenir bientôt celui de la mer intérieure. Quoi qu'il en soit, M. Rouire nous donne des détails intéressants sur la découverte qui nous occupe. Ce lac est le plus grand de l'Afrique du Nord, il a 45 kilomètres de tour en basses eaux, et une longueur de 19 kilomètres. Le volume d'eau moyen que lui apporte l'Oued Bagla est de 200 millions de mètres cubes. Chaque crue du fleuve fait varier le niveau du lac. Au commencement de 1883 la surface recouverte était de 13.000 hectares, la profondeur de 3 mètres 50 ; leur volume pouvait être évalué à 350 millions de mètres cubes.

CLIMAT. — On peut dire que le climat de Tunisie est généralement très sain. En hiver, la température se maintient ordinairement de 10 à 12° centigrades et ne descend jamais jusqu'à 0° ; en été, elle est de 25 à 30° centigrades et atteint dans les localités les plus exposées au soleil 40 à 50°.

RÈGNE VÉGÉTAL. — Le sol tunisien, quoique mélangé d'argile et de sable, est extrêmement fertile lorsque les pluies l'empêchent en temps utile de se dessécher. Il produit tous les fruits de l'Europe méridionale et une partie de ceux des régions équinoxiales. Les arbres principaux sont : l'olivier qui, favorisé par la douceur du climat, vient naturellement dans toute la Tunisie, les dattiers (1), les palmiers et les bananiers qui constituent de véritables forêts, les figuiers, les pêchers, les grenadiers, les pistachiers, les jujubiers, les orangers, les cédratiers et les citronniers.

La culture principale est celle du blé et de l'olivier, puis ensuite viennent l'orge, le maïs, le

(1) L'exportation des dattes atteint annuellement un chiffre de 4 à 500.000 francs.

riz, les haricots, pois, fèves, lentilles, le cère, le sevé, le coton, l'indigo, le safran, l'opium, le tabac, la garance, l'alfa. (L'alfa est une graminée dont la feuille seule est la partie exploitée et exportée. A la maturité, cette feuille s'enroule pour former une tige cylindrique qui a l'aspect d'un jonc, un millimètre à un millimètre et demi de grosseur, et 50 à 60 centimètres de hauteur. Les cendres de cette feuille sont riches en silice ; les fibres parallèles sont soudées entre elles par des matières agglutinatives, pectiques, résinoïdes.)

Dans les forêts on trouve le cèdre, le chêne-liège, le chêne vert, le chêne blanc, le frêne, l'orme, le saule, le peuplier, le platane, le lentisque, le tremble, l'aune, le pin, le tamaris, le thuya et le myrte.

Dans la région de la Medjerdah il y a environ 160.800 hectares, soit environ 1.600 kilomètres carrés de superbes forêts dont le rapport sera, dans quelques années, de plusieurs millions. Dans les riches plaines de la côte orientale et dans celles de la Medjerdah qui s'étend de notre frontière au rivage, les Tunisiens cultivent de superbes plants d'oliviers dont parfois, dit-on, le tracé régulier remonte aux Romains (1). Dans

(1) On peut évaluer à 39 millions de litres la production de l'huile d'olive par année.

le Sud, du côté de Bou-Hedma et de la baie de Skira, d'immenses espaces sont couverts d'alfa qu'une Compagnie franco-anglaise va exploiter sur une vaste échelle, et, dans la même région, le rivage des Chotts produit les plus beaux palmiers du monde. Tout le reste de la Régence, au moins jusqu'à la hauteur de Sfax, donne des blés superbes.

On défriche maintenant en Tunisie, pour y planter la vigne, des terrains demeurés incultes jusqu'à ce jour : dans certaines contrées même, on arrache les oliviers pour établir des vignobles. On sèche annuellement une grande quantité de muscat blanc pour l'exportation. Il faut dire que la vigne vient très bien, les vins produits sont réguliers, soignés et d'une conservation parfaite. Les environs de Bizerte, de Sfax et la côte orientale produisent des raisins magnifiques ; leurs vins blancs sont déjà renommés. Les plantations de la Marsa et de l'Oued Zargua donnent les plus belles espérances.

Règne animal. — On élève des chevaux barbes vigoureux et infatigables, qui se conservent jusqu'à 25 et 30 ans, des mulets, des ânes, des brebis et des chèvres. De tout temps, l'élevage du bétail a été un honneur en Tunisie (principalement parmi les tribus du centre et du Sud).

Salluste qualifiait ainsi la Tunisie : « *bonus pecori.* »

Les autres animaux qui composent la faune tunisienne sont les : lion, tigre, hyène, panthère, chacal, chameau, dromadaire, singe, lynx, renard, cerf, antilope, mouflon, lièvre, loutre, gerboise, sanglier, gazelle, autruche, cigogne, héron, cormoran, outarde, pélican, aigle, épervier, etc., flamant, grue, perdrix, caille, bécasse, bécassine, grive, alouette, canard sauvage, ortolan, pinson, pluvier blanc, pluvier doré, tortue, caméléon, sangsue, scorpion, abeille, sauterelle, etc.

Règne minéral. — La Tunisie renferme dans son sol, en quantité appréciable : l'argent, le cuivre, le plomb argentifère, le minerai de fer, les lignites, l'argile, le mercure, le graphite, l'albâtre, le cristal de roche, la chaux, le ciment, etc. Près de Tunis se trouve la montagne de plomb, de très grande élévation, que des affleurements et des sondages autorisent à considérer comme une masse de galène d'une teneur de 65 à 90 pour 100.

La Société de Mokta El-Hadid exploite en Kroumirie des mines de fer dont elle a obtenu la concession dernièrement.

Il faut citer les carrières de pierres à chaux et à bâtir et les carrières de très beaux marbres de construction et de luxe. Tels sont les marbres de Chemtou remarquables par la finesse de leur grain et la variété de leurs teintes, le jaune antique, le rose aurore, le pourpre. Le marbre blanc manque. Les carrières de Chemtou sont très anciennes. Elles faisaient partie d'une exploitation romaine qui fut interrompue par l'invasion des Vandales.

Les sources minérales et thermo-minérales de Hammam-Lif, Hammam-Sgededi doivent être placées au premier rang; viennent ensuite d'autres sources moins importantes situées entre Sfax et Gafsa, à Nefta, à Sidi Hakat, à Sbeitla, à El-Hamma et au delà de la ville de Béja.

Le sel et le salpêtre, quoique très abondants, ne donnent pas lieu à un grand commerce.

VILLES. — Les principales villes de la Tunisie sont :

Sur la Méditerranée : Tunis, capitale de la Régence, située dans l'extrémité Nord-Est du territoire, au fond du golfe de Tunis, et assise sur le penchant d'une colline à trois lieues Sud-Est de l'ancienne Carthage, près d'un lac de six lieues de circonférence qui communique avec la mer au moyen du canal de la Goulette ; le Bardo, lieu de résidence des Beys de Tunis; la Goulette, le port maritime de Tunis, est le plus im portant de la Régence; Bizerte, Porto-Farina, Hammamet, bâtie à l'extrémité d'une langue de terre qui s'avance dans la mer (commerce important d'huiles), Sousse, Monastir (l'ancienne Ruspina des Romains), ville entourée d'un mur crénelé flanqué de tours, Mahédia (*Turris Hannibalis*), Sfax et Gabès.

Dans l'intérieur du Tell : Zaghouan, le Kef, Kairouan (l'ancienne capitale de l'Afrique, et la résidence des Califes, est encore la capitale religieuse de la Tunisie), etc.

Dans le Sahara : Tozeur, Gafsa, Nefta, Kébili, Duc, Duirat, etc.

POPULATION. — A l'époque de l'occupation romaine la population s'élevait à 20.000.000 d'habitants ; au XVIIIe siècle elle n'était plus que de 5.000.000. Une statistique publiée en 1883 par le gouvernement tunisien évalue à 1.500.000 le nombre d'habitants qu'on peut décomposer comme suit : Indigènes, Juifs, Européens, Maures, Turcs, Koulouglis, Mozabites. Au 1er janvier 1882 la colonie étrangère comprenait 24.217 sujets et 11.770 protégés dont : Italiens 10.228 sujets, 21 protégés ; Français 3.394 sujets, 11.562 protégés ; Anglais 8.974 sujets, 5 protégés ; Grecs, Suisses, Autrichiens et autres, 1.621 sujets, 182 protégés.

II

ÉVÉNEMENTS DE 1881. — CONSÉQUENCES

Certains ont reproché à nos gouvernants l'expédition tunisienne. A quelque parti qu'on appartienne, il faut pourtant reconnaître que des causes nationales et des nécessités patriotiques ont motivé cette expédition.

Non, en allant à Tunis, la France n'a pas voulu conquérir la Tunisie ; elle a voulu seulement que la Régence de Tunis ne fût pas, par sa propre volonté ou par l'immixtion de quelque influence étrangère, un perpétuel danger pour notre colonie algérienne. Il fallait aussi réprimer les incursions continuelles des Kroumirs.

En allant à Tunis, le gouvernement de la République française a accompli un devoir national, avec de pleins pouvoirs, avec l'approbation de l'opinion publique.

Du reste, des documents diplomatiques prouvent que, sous la Monarchie de juillet, comme sous l'Empire, on a toujours compris que la sécurité de notre colonie algérienne était intimement liée à la situation politique de la Régence de Tunis.

Les violations de frontières françaises d'Algérie (qui se chiffrent par milliers et qui remontent à dix ans de date) (1), le triste abaissement de l'influence et de la grandeur françaises sur la frontière occidentale de la Régence de Tunis, telles sont les causes de l'expédition tunisienne. Le combat du 31 mars en a été l'effet. Pour employer l'expression dont s'est servi l'honorable M. Jules Ferry, le combat du 31 mars, c'est *la goutte d'eau qui a fait déborder le vase.*

Depuis longtemps, la tribu des Kroumirs, tunisienne de nom, mais indépendante de fait, pratiquait constamment sur notre territoire, à la frontière franco-tunisienne, le maraudage et l'assassinat. Faut-il rappeler qu'en 1878, les Kroumirs et les Ouchtetas, voisins et alliés de ces derniers, pillèrent le grand paquebot français *l'Auvergne*, jeté sur la côte tunisienne par la tempête, laissèrent l'équipage et les passagers complètement nus et abandonnés dans les mon-

(1) Dans une circulaire adressée le 26 juin 1881 par M. Barthélemy Saint-Hilaire, ministre des Affaires étrangères, aux agents diplomatiques français, il est mentionné que les méfaits qu'on avait pu constater *officiellement*, de 1870 à 1881, se montaient à 2,379, c'est-à-dire à 250 environ par année.

tagnes, mourant de faim et de froid ? Un membre de la Commission scientifique de l'Algérie qui connaissait bien les Kroumirs, M. Pélissier, écrivait, il y a quelques années déjà : « Entre Tabarca « et la frontière de l'Algérie, on trouve la tribu « des Kroumirs, qui a su se soustraire à toutes « sortes de joug et qui se gouverne démocrati- « quement. Malheureusement pour elle, les actes « de brigandage qu'elle se permet trop souvent « sur les corailleurs que des événements de mer « jettent sur ces côtes, lui attireront tôt ou tard, « de la part de nos troupes, un sévère châtiment « qui pourra bien entraîner la perte de son indé- « pendance. »

Le 31 mars 1881, une lutte avait donc lieu sur le territoire français entre des tribus tunisiennes et nos troupes. Arrivons aux faits. Les Kroumirs avaient consenti à payer à nos tribus algériennes une indemnité, pour réparation de dommages qu'ils leur avaient causés dans de récentes incursions sur notre territoire. L'affaire paraissait donc terminée lorsque, contre toute attente, le 30 mars, les Kroumirs essayèrent au nombre de 4 à 500 de surprendre les Ouled-Nehed et les attaquèrent à El-Aïoun. Le lendemain se livrait le combat du 31. Les faits se sont passés dans la section Nord de la frontière franco-tunisienne, sur une ligne qui commence au Sud, au-dessus de Soukahrras, et finit au Nord, à la mer, près du port français de la Calle. C'est dans cet angle droit formé de l'Est à l'Ouest par la côte tunisienne, et du Nord au Sud par la frontière franco-tunisienne, qu'habitent les Kroumirs. Mais l'escarmouche du 30 mars avait donné l'éveil à nos soldats, et lorsque les Kroumirs voulurent le lendemain, au nombre de 2.500 environ, recommencer leurs attaques, ils se heurtèrent à nos soldats, et durent renoncer à leur tentative, après une fusillade de onze heures. Une répression vigoureuse s'imposait ; aussi envoyait-on de suite en Tunisie la frégate cuirassée *la Surveillante*, et deux canonnières, le *Chacal* et l'*Hyène*. Un corps expéditionnaire fut formé et placé sous le commandement du général Forgemol avec les généraux Delebecque et Logerot, pour diriger les colonnes de gauche et de droite.

Nous ne décrirons pas ici les opérations militaires qui mériteraient et exigeraient à elles seules un volume entier ; mais disons, au moins, que nos troupes furent admirables d'énergie et de courage, et que ces opérations conduites avec rapidité et prudence font le plus grand honneur à nos généraux (1).

(1) On lira avec intérêt l'ouvrage de M. Maurice Bois, capitaine au 76e régiment d'infanterie, officier d'académie : *Expédition française en Tunisie.*

Bref, le 12 mai 1881, un traité établissant notre protectorat en Tunisie était conclu entre le gouvernement français et le gouvernement du Bey de Tunis.

TRAITÉ

ENTRE LE GOUVERNEMENT DE LA RÉPUBLIQUE FRANÇAISE ET LE GOUVERNEMENT DE S. A. LE BEY DE TUNIS

Le gouvernement de la République française et celui de Son Altesse le Bey de Tunis.

Voulant empêcher à jamais le renouvellement des désordres qui se sont produits récemment sur les frontières des deux Etats et sur le littoral de la Tunisie, et désireux de resserrer leurs anciennes relations d'amitié et de bon voisinage, ont résolu de conclure une Convention à cette fin dans l'intérêt des deux Hautes Parties contractantes.

En conséquence, le Président de la République française a nommé pour son plénipotentiaire M. le général Bréart, qui est tombé d'accord avec S. A. le Bey sur les stipulations suivantes :

Art. 1er. — Les traités de paix, d'amitié et de commerce, et toutes autres conventions existant actuellement entre la République française et S. A. le Bey de Tunis, sont expressément confirmés et renouvelés.

Art. 2. — En vue de faciliter au gouvernement de la République française l'accomplissement des mesures qu'il doit prendre pour atteindre le but que se proposent les Hautes Parties contractantes, S. A. le Bey de Tunis consent à ce que l'Autorité militaire française fasse occuper les points qu'elle jugera nécessaire, pour assurer le rétablissement de l'ordre et la sécurité des frontières et du littoral.

Cette occupation cessera lorsque les autorités françaises et tunisiennes auront reconnu, d'un commun accord, que l'administration locale est en état de garantir le maintien de l'ordre.

Art. 3. — Le gouvernement de la République française prend l'engagement de prêter un constant appui à S. A. le Bey de Tunis, contre tout danger qui menacerait la personne ou la dynastie de Son Altesse, ou qui compromettrait la tranquillité de ses Etats.

Art. 4. — Le gouvernement de la République française se portera garant de l'exécution des traités, actuellement existants entre le gouvernement de la Régence et les diverses Puissances européennes.

Art. 5. — Le gouvernement de la République française sera représenté auprès de S. A. le Bey de Tunis par un Ministre Résident, qui veillera à l'exécution du présent acte, et qui sera l'intermédiaire des rapports du gouvernement français avec les autorités tunisiennes pour toutes les affaires communes aux deux pays.

Art. 6. — Les agents diplomatiques et consulaires de la France en pays étrangers, seront chargés de la protection des intérêts tunisiens et des nationaux de la Régence.

En retour, S. A. le Bey s'engage à ne conclure aucun traité ayant un caractère international, sans en avoir donné connaissance au gouvernement de la République française et sans s'être entendu préalablement avec lui.

Art. 7. — Le gouvernement de la République française et le gouvernement de S. A. le Bey de Tunis se réservent de fixer, d'un commun accord, les bases d'une organisation financière de la Régence, qui soit de nature à assurer le service de la Dette publique et à garantir les droits des créanciers de la Tunisie.

Art. 8. — Une contribution de guerre sera imposée aux tribus insoumises de la frontière et du littoral. Une convention ultérieure en déterminera le chiffre et le mode de recouvrement, dont le gouvernement de S. A. le Bey se porte responsable.

Art. 9. — Afin de protéger contre la contrebande des armes et des munitions de guerre les possessions algériennes de la République française, le gouvernement de S. A. le Bey de Tunis s'engage à prohiber toute introduction d'armes ou de munitions de guerre sur l'île de Djerba, le port de Gabès ou les autres ports du sud de la Tunisie.

Art. 10. — Le présent traité sera soumis à la ratification du gouvernement de la République française, et l'instrument de ratification sera remis à S. A. le Bey de Tunis dans le plus bref délai possible.

Casr-Saïd, le 12 mai 1881.

(Signé) Mohammed es Sadoq Bey.

Général Bréart.

Le 9 juin 1881, M. Théophile Roustan, consul général de France nommé ministre résident, accompagné du personnel de la légation, en grand costume, a remis la ratification de ce traité à S. A. le Bey de Tunis qui l'a reçue en audience solennelle.

Le Protectorat français était dès lors établi en Tunisie.

Après les événements de 1881, une certaine catégorie de gens a voulu amoindrir M. Roustan vis-à-vis de l'opinion publique. Aux attaques de parti pris nous opposons les déclarations solennelles des hommes qui s'appellent : Barthélemy Saint-Hilaire, Waddington, Ferdinand de Lesseps. Tous ont rendu hommage à M. Roustan, et après le jugement émanant de tels hommes, on peut dire que M. Roustan a fait son devoir et a soutenu le principe de la prépondérance nécessaire de la France en Tunisie. Du reste, le Gouvernement de la République, qui sait récompenser le dévouement que ses agents diplomatiques montrent dans des circonstances particulièrement difficiles, a soutenu M. Roustan en l'appelant à un poste supérieur comme grade et comme situation.

Protectorat ou annexion? — Le Protectorat français en Tunisie est-il plus avantageux pour nous que l'annexion de ce pays? Il n'y a pas à en douter. M. Jules Ferry, alors qu'il était encore Président du Conseil, Ministre des Affaires Etrangères, a démontré en peu de mots, à la Chambre des Députés, dans la séance du 1er avril 1884, les avantages offerts par le Protectorat : « Outre que l'annexion excèderait de beaucoup la limite des garanties et des engagements actuels du Gouvernement, elle ferait disparaître la forme actuelle d'occupation à laquelle nous tenons parce que nous la considérons comme la plus économique, comme celle qui impose au Gouvernement français le moins de charges et de responsabilité, — la forme du protectorat. »

« Nous conserverons à la France en Tunisie cette situation de Protectorat, de puissance protectrice ; elle a pour nous de très grands avantages : elle nous dispense d'installer dans ce pays une administration française, c'est-à-dire d'imposer au budget français des charges considérables ; elle nous permet de surveiller de haut, de gouverner de haut, de ne pas assumer, malgré nous, la responsabilité de tous les détails de l'administration, de tous les petits faits, de tous les petits froissements que peut amener le contact de deux civilisations différentes. C'est à nos yeux une transition nécessaire, utile, qui sauvegarde la dignité du vaincu, chose qui n'est pas indifférente en pays musulman, chose qui a une grande importance en terre arabe. Oui, messieurs, sauvegarder la dignité du vaincu, c'est assurer la sécurité de la possession. Le Protectorat n'aurait pour lui que cette considération, que cette supériorité sur l'annexion, que nous tiendrions au Protectorat. Mais, je le répète, il est évident que le Protectorat est beaucoup plus économique et que la Tunisie — comme vous l'exposait tout à l'heure, dans son discours si complet, si lucide et si autorisé, M. le Commissaire du Gouvernement, — que la Tunisie, en dehors des sommes nécessaires à l'entretien du corps d'occupation, peut être aujourd'hui gérée sans coûter un sou au Trésor français, tandis que si vous la transformiez en un département algérien, vous sauriez, messieurs, ce que vous auriez à payer. Nous tenons au Protectorat, nous voulons le maintenir; nous croyons que c'est l'intérêt du pays, la volonté de la Chambre. »

Un auteur, qui s'est occupé tout spécialement de la Tunisie et à qui nous devons plusieurs ouvrages d'un grand intérêt, M. Edmond Desfossés, considère, lui, l'annexion comme étant inévitable. Affaire de temps, selon lui. « Mais, dit-il, nous avons conseillé le Protectorat comme transition, et nous avons été assez heureux pour nous rencontrer avec la sagesse du Gouvernement. Il est très désirable, en effet, que le Protectorat s'exerce aussi longtemps que possible. Pendant ce temps, les Arabes s'habitueront à nous, ils continueront à apprendre notre langue, comme nous apprenons déjà la leur; on s'entendra mieux parce qu'on se comprendra; nous pourrons améliorer leur condition, et, ce qu'il y a de plus attrayant, nous les enrichirons. Nous considérant déjà un peu comme leurs maîtres, lorsque le moment de l'annexion sera venu, la résistance, si résistance il y a, sera bien faible, et peut-être même n'en éprouverons-nous aucune. »

Voici, enfin, l'opinion d'un homme qui, par sa situation, est le meilleur juge en cette question. M. Paul Cambon, Résident Général à Tunis, répondant à un discours de M. le Président de la Chambre de Commerce Française de Tunis à l'occasion de la fête nationale du 14 juillet (1885), s'est exprimé ainsi :

« Vous disiez vous-même tout à l'heure, monsieur le Président, qu'une certaine fraction de la Colonie française réclamait l'annexion de la Régence. Sans examiner si cette mesure est conforme aux engagements pris et aux Conventions signées par la République, je me demande si cette solution serait conforme aux intérêts de la France et à ceux de la Colonie française en Tunisie.

« Quant à l'intérêt de la France elle n'en a pas d'autre que la libre entrée de ses produits en Tunisie; mais il est possible avec le temps d'arriver à ce résultat, et en tous cas, les avantages que le commerce français pourrait retirer de cette annexion immédiate sont tellement disproportionnés avec les charges qu'elle entraînerait, que d'ici à bien longtemps, aucun Gouvernement, aucun Parlement ne voudra prendre la responsabilité de la proposer.

« Imposer à la Tunisie une Administration française complète, politique, judiciaire, financière, transformer la Régence en un quatrième département algérien, savez-vous ce que cela coûterait? 30 millions au moins par an, sans compter les frais de premier établissement qu'il est impossible de chiffrer. Or, déduction faite de la Dette, la Tunisie produira l'an prochain 13 millions. La France prendrait donc une charge annuelle de 16 à 17 millions, alors que aujourd'hui la Régence se suffit à elle-même ! Est-il un homme politique ayant souci des intérêts financiers de la France qui ose proposer un sacrifice aussi considérable et aussi inutile ?

« .... Quant à la Colonie française en Tunisie, quant à vous, Messieurs, avez-vous un intérêt quelconque à une annexion immédiate ? Je n'en vois qu'un ; l'assimilation de vos produits aux produits algériens à l'entrée en France. Il n'est pas besoin de recourir à l'annexion pour obtenir ce résultat, et je puis vous annoncer que, sur ma demande, le Gouvernement français étudie en ce moment un projet de loi destiné à vous donner satisfaction. Vous n'êtes ni assez nombreux, ni assez bien outillés pour vous unir sans danger à votre puissante voisine notre grande Colonie algérienne, et je vous conseille dans votre intérêt, d'attendre que les ports de la Régence soient exécutés, que notre réseau de routes soit créé, que nos chemins de fer soient développés. Je vous conseille aussi de profiter du Protectorat pour nous aider à constituer ici le régime de la propriété et pour donner à notre organisation judiciaire une forme nouvelle plus appropriée que l'organisation actuelle aux nécessités du pays.

« Ayez confiance en vous-mêmes, conservez votre individualité, et, grâce au Protectorat, essayez de faire ici, à l'image des possessions anglaises, une Colonie ayant son autonomie, sa législation, son budget, et plus tard son Parlement Colonial.

« Vous prouverez ainsi que les Français savent coloniser, et que, dégagés d'une administration étroite, ils ont, comme d'autres, le goût de l'initiative et de la liberté. »

Des expéditions coloniales qui auront été dirigées sous la IIIe République, celle de la Tunisie aura été, incontestablement, la plus heureuse et la plus belle, et il serait injuste de ne pas reconnaître que le Gouvernement de la République a droit à la reconnaissance de tous pour nous avoir assuré ce pays. Comme tous les hommes poliques de valeur, M. Jules Ferry a ses partisans et ses détracteurs ; ceux qui n'ont aucune raison de flatter M. Jules Ferry ou aucun intérêt à le dénigrer, estiment que l'ancien Président du Conseil des Ministres a agi avec sagesse et prévoyance dans les Affaires Tunisiennes, et qu'en faisant remonter jusqu'à lui l'honneur de cette expédition, on rend à l'homme d'Etat le mérite qui lui est dû.

III

ORGANISATION POLITIQUE ET ADMINISTRATIVE

Depuis 1650, époque à laquelle s'établit en Tunisie une dynastie indépendante, cet Etat est gouverné par un Bey dont les pouvoirs absolus sont héréditaires. Aux termes de l'art. 1er de la Loi organique de 1857, la succession au pouvoir est héréditaire entre les princes de la famille Husséinite, par ordre d'âge et non par la filiation, et il est arrivé parfois qu'un frère ou un cousin succédât au souverain décédé. Le successeur désigné prend le nom de Bey du Camp. Il était, autrefois, le grand chef de l'armée; exclu de toute ingérence dans les affaires d'administration, il était chargé de percevoir, deux fois l'an, les impôts des tribus récalcitrantes. Il apprenait ainsi à connaître le royaume, les personnages influents de chaque région, et aussi, l'esprit des populations.

Antérieurement aux événements de 1881, le Bey était feudataire de l'Empire Ottoman, mais, par un firman impérial du 25 octobre 1871, il avait été officiellement dispensé de tout tribut. Le Bey ne payait pas d'ailleurs régulièrement de tribut, le chiffre n'en ayant jamais été spécifié; des présents parfois considérables étaient envoyés tous les ans en échange de faveurs et de prérogatives conférées par le sultan de Constantinople. Aux termes du firman de 1871, le Bey recevait l'investiture de Constantinople : il ne pouvait faire la guerre ni la paix, ni céder un territoire, sans le consentement du sultan. Le Bey ne pouvait faire de négociations diplomatiques avec l'étranger que sur les questions intérieures. Enfin, la Tunisie était obligée de frapper monnaie au nom du sultan et de mettre ses troupes à la disposition de la Turquie en cas de guerre.

Jamais, la France n'a reconnu le firman de 1871 (1), qui est du reste passé à l'état de lettre

(1) Au début des hostilités, en 1881, le Sultan de Constantinople ayant manifesté l'intention d'envoyer des troupes en Tunisie pour s'interposer entre les troupes du Bey et les nôtres, M. Tissot, notre ambassadeur, remit à la Porte cette fière et significative protestation :

« La France se trouve actuellement en guerre avec une partie « de la population tunisienne.

« Tout envoi de forces militaires à Tunis, de la part du Gou- « vernement Ottoman, serait considéré comme un acte d'hostilité.

« L'escadre française aura l'ordre d'arrêter au passage l'escadre morte depuis que le Protectorat a été établi en Tunisie.

Le Bey qui était au pouvoir au moment de l'expédition de Tunisie, Sidi Mohammed Es Sadock, avait succédé à son frère, Sidi Mohammed, le 23 septembre 1859. Prince libéral et bon, il développa dans ses Etats le progrès et la civilisation, et s'occupa sans cesse des moyens de tarir les sources de la misère; aussi, disait-on de lui dans les châteaux et dans les chaumières : *Notre Prince est le père des pauvres*. Il s'occupa sans cesse aussi de doter son pays d'institutions politiques et libérales, et de créer des asiles pour la souffrance (1).

Animé de bons sentiments pour la France, Mohammed Es Sadock nous céda exclusivement l'etablissement des lignes télégraphiques, des haras, des chemins de fer, etc. Ce ne fut que plus tard que, subissant l'influence des conseils d'un consul italien, Mohammed Es Sadock, trop confiant, fut hostile à la France. Les événements ne lui ayant pas donné raison, il se résolut à signer le traité du 12 mai 1881 qui plaçait la Tunisie sous le protectorat de la France. Il faut

« turque et de s'opposer par la force à tout débarquement sur « un point quelconque de la Régence.

(1) *Les Illustrations du courage, de la philanthropie, de la science et du travail*, par Turpin de Sansay.

rendre cette justice à Mohammed Es Sadock : qu'il a exécuté fidèlement et loyalement les dispositions du traité de 1881.

Mohammed Es Sadock est mort le 28 octobre 1882, à quatre heures moins vingt minutes. Le Bey actuel, S. A. R. Sidi Ali, a immédiatement succédé à son frère, le jour même de la mort de Mohammed Es Sadock.

Le *Ministère Tunisien* est composé de : Un Premier Ministre et un Ministre de la plume, un Ministre des Affaires Etrangères qui est le Ministre Résident Général de France, un Ministre de la Guerre, le Général commandant la Division d'occupation.

Les attributions du Ministre de France à Tunis sont définies par le décret du 23 juin 1885 (1). Il est le dépositaire des pouvoirs de la République dans la Régence et porte le titre de Résident Général. Il a sous ses ordres les commandements des troupes de terre et de mer et tous les services administratifs concernant les européens et les indigènes. Le Résident Général a seul le droit de correspondre avec le Gouvernement Français par l'intermédiaire des Affaires Etrangères. (Exception est faite pour les affaires d'un caractère purement technique et d'ordre

(1) Voir le décret du 22 avril 1882, et les lois des 27 mai 1881, 9 avril 1884 et 27 mars 1883.

intérieur dans chaque administration française. Ces affaires peuvent être traitées directement avec les Ministres compétents par les chefs des différents services institués en Tunisie.) Le Résident Général communique avec les divers membres du Gouvernement par l'intermédiaire du Ministère des Affaires Etrangères. Il les saisit sans délai de toutes les questions qui intéressent leur département.

En présence du développement toujours croissant des affaires administratives, et voulant qu'elles soient poursuivies avec unité et rapidité, le Bey de Tunis a institué un *Secrétariat Général du Gouvernement* (1).

Les attributions du Secrétariat Général du Gouvernement sont :

1° Direction du personnel des bureaux de l'Administration Centrale.

2° Garde des archives de l'Etat.

3° Réception et répartition, entre les divers services publics, de la correspondance adressée au Gouvernement.

4° Remise au Premier Ministre de la correspondance préparée par les divers services publics; son envoi aux destinataires.

5° Présentation et promulgation des lois, décrets et règlements.

(1) Décret du 4 février 1883.

M. Maurice Bompard, Secrétaire d'Ambassade, a été nommé Secrétaire Général du Gouvernement, et M. Eugène Regnault, ancien Attaché au Cabinet du Ministre des Affaires Etrangères, remplit les fonctions de Secrétaire Général Adjoint.

La Tunisie est divisée en 17 provinces gouvernées par des khalifes qui sont généraux ou colonels, selon l'importance de la province.

Tunis........................	
Kairouan........................	1 Khalifa, colonel.
Djèrid........................	1 Khalifa à Gafsa. 1 Khalifa à Tozeur. 1 Khalifa à Elouédian. 1 Khalifa à El-Hamma. 1 Khalifa à Tamaghza. 1 Khalifa à Nefzaoua.
Sahel........................	1 Khalifa à Sousse. 1 Khalifa à Monastir. 1 Khalifa à Mahédia.
Sfax........................	1 Khalifa.
Ouatan Kably..............	1 Khalifa, 25 chefs de tribus.
Arad........................	1 Khalifa à Gabès.
Le Kef, Ouennifa, Ouertan...	2 Khalifa desquels dépendent 7 chefs.
Bizerte........................	2 Khalifa à Bizerte. 1 Khalifa à Porto Farina.
Djerba........................	10 chefs.
Béja........................	1 Khalifa et 3 chefs.
Riâh, Zaghouan, Testour..... Medjez-el-Bab............	1 Khalifa dans chaque localité.
Mateur et la tribu des Tabelsi.	1 Khalifa.
Tebourba........................	1 Khalifa.
Teboursouk........................	1 Khalifa.
La Goulette........................	1 Khalifa.
Radès, Mournag, Mohammedia et Hammam-Lif............	1 Oukil dans chaque localité.

Les tribus sont administrées par des caïds et des cheiks.

Organisation municipale (1).

Les communes sont formées par décrets rendus par le Bey sur le rapport du premier ministre, ainsi que les corps municipaux composés chacun d'un président, de vice-présidents, qui remplissent les fonctions de maire, d'adjoints et de conseillers.

Les villes qui ont une municipalité sont : Tunis, la Goulette, Sfax, Sousse, Bizerte et le Kef.

Le Conseil municipal de Tunis est composé de huit membres tunisiens, élus par l'assemblée des notables ; huit membres européens, nommés par décret, et un membre israélite, élu par les notables de la communauté israélite.

Le domaine communal est constitué par décrets. Les biens domaniaux concédés aux municipalités peuvent être aliénés ; les conseils municipaux indiquent le remploi des prix de vente. Les délibérations des conseils municipaux sont appuyées des projets, plans et devis des travaux à entreprendre.

ATTRIBUTIONS DES CONSEILS MUNICIPAUX. — Les

(1) Régie par decret du 1er avril 1885.

conseils municipaux délibèrent sur les objets suivants :

1° Les conditions des baux de biens pris à ferme ou donnés à loyer par les communes ;

2° Les aliénations et échanges des propriétés communales ;

3° Les acquisitions d'immeubles, les constructions nouvelles, les reconstructions entières ou partielles, les projets, plans et devis des grosses réparations et d'entretien ;

4° Les transactions ;

5° L'établissement des plans d'alignement et de nivellement des voies publiques municipales, les modifications à des plans d'alignements adoptés, le tarif des droits de voirie, le tarif des droits de stationnements ou de location sur les dépendances du domaine public, communal, et généralement le tarif des droits divers à percevoir au profit des communes ;

6° L'acceptation des dons et legs faits à la commune ;

7° Le budget communal ;

8° Les crédits supplémentaires ;

9° Les contributions et les emprunts ;

10° L'établissement, les suppressions et les changements de foires et marchés ;

11° Enfin tous les objets sur lesquels ils sont consultés par l'autorité supérieure.

Attributions des présidents. — Le président est chargé, sous le contrôle du Conseil municipal :

1° De conserver et d'administrer les propriétés de la commune et de faire, en conséquence, tous actes conservatoires de ses droits ;

2° De gérer les revenus, de surveiller les établissements communaux et la comptabilité communale ;

3° De préparer et proposer le budget et ordonnancer les dépenses ;

4° De souscrire les marchés, de passer les baux des biens et les adjudications de travaux communaux ;

5° De passer, dans les mêmes formes, les actes de vente, échange, partage, acceptation de dons et legs, acquisition, transaction, lorsque ces actes ont été autorisés ;

6° De représenter la commune, soit en demandant, soit en défendant ;

7° Et, d'une manière générale, d'exécuter les décisions du Conseil municipal.

Budget.

Les recettes du budget ordinaire des communes se composent :

1° Du produit des droits de place perçus dans

les halles, foires et marchés, abattoirs, d'après les tarifs dûment établis ;

2° Du produit des permis de stationnement et locations sur la voie publique, sur les ports et quais et autres lieux publics ;

3° Du produit des droits de voirie et autres droits légalement établis ;

4° Du produit des terrains communaux affectés aux inhumations et du prix des concessions dans les cimetières ;

5° Du produit des concessions d'eau et de l'enlèvement des boues et immondices sur la voie publique, et autres concessions autorisées pour les services communaux ;

6° Du produit que les lois accordent aux communes dans les produits des amendes prononcées par les tribunaux de police correctionnelle et de simple police ;

7° Du produit de la taxe du balayage ;

8° Du produit de l'impôt de la caroube (principal et accessoires) sur les loyers des propriétés immobilières clôturées dans les villes de Tunis, la Goulette, Sfax et Sousse, conformément aux dispositions du déret du 21 redjeb 1299 ;

9° Et généralement du produit des contributions, taxes et droits dont la perception est autorisée par les lois dans l'intérêt des communes, et de toutes les ressources annuelles et permanentes.

Les recettes du budget extraordinaire se composent :

1° Des produits des biens aliénés ;

2° Des dons et legs ;

3° Du remboursement des capitaux exigibles et des rentes rachetées ;

4° Du produit des emprunts ;

5° Des subventions de l'Etat.

Les dépenses du budget ordinaire comprennent les dépenses annuelles et permanentes d'utilité communale.

Les dépenses du budget extraordinaire comprennent :

Les travaux neufs ;

Le remploi du produit des emprunts.

Sont obligatoires pour les communes et peuvent être inscrites d'office au budget les dépenses suivantes :

Acquittement des dettes exigibles :

Frais d'administration municipale ;

Frais de nettoiement et d'éclairage des rues ;

Ouverture, construction et entretien des rues mis à la charge de la ville par décision de l'administration supérieure ; alignement, nivellement et pavage des rues ; aqueducs, canaux, égouts et fontaines ; grosses et petites réparations et entretien des bâtiments affectés aux services communaux ;

Frais d'abonnement et de conservation du *Journal Officiel tunisien*, parties arabe et française ;

Frais de registres de constatation de décès ;

Part des communes dans le fonds de cotisation ;

Traitement du receveur municipal ; frais de perception ;

Traitement et autres frais du personnel de la police municipale ;

Frais de loyer et de réparation du local de la Justice de Paix ; traitement du garçon de bureau de la Justice de Paix ;

Clôture des cimetières, leur entretien, leur translation, dans les cas déterminés par les règlements ;

Frais d'établissement et de conservation des plans d'alignement et de nivellement.

Et généralement toutes les dépenses mises à la charge des communes par une disposition de loi.

Les dépenses communales obligatoires comprennent les frais d'établissement et de conservation des plans d'alignement et de nivellement, dans les formes voulues par les règlements.

Fonds de cotisations. — Il existe un fonds commun, dit *fonds de cotisations*, destiné à pourvoir aux dépenses afférentes à toutes les communes de la Régence. Le montant du fonds de cotisations est fixé par arrêté du premier ministre. Chaque commune participe à l'entretien de ce fonds proportionnellement au total des recettes prévues au budget de l'exercice courant. La part de chaque commune est mandatée par le président de la municipalité, au nom du receveur-général des finances; celui-ci ne dispose des sommes du fonds commun que sur la signature du secrétaire-général du gouvernement.

Les recettes et les dépenses des communes ne peuvent être faites que conformément au budget de chaque exercice ou aux autorisations extraordinaires données dans les mêmes formes.

L'époque de la clôture de l'exercice pour les recouvrements et les payements qui s'y rattachent est fixée au 12 janvier de la deuxième année de l'exercice.

Le Conseil municipal délibère sur le budget de la commune et en général sur toutes les recettes et dépenses ordinaires.

Le budget de chaque commune proposé par le président de la municipalité et voté par le Conseil est définitivement réglé par arrêté du premier ministre sur l'avis du directeur-général des Travaux Publics.

Les présidents des municipalités sont chargés, sous la surveillance de l'autorité supérieure :

De la gestion des revenus, ainsi que de la surveillance des établissements communaux et de la comptabilité municipale ;

De la proposition du budget et de l'ordonnancement des dépenses.

Les présidents des municipalités et, par délégation, les vice-présidents peuvent seuls mandater les dépenses.

Les recettes et les dépenses communales s'effectuent par un comptable chargé seul, et sous sa responsabilité, de poursuivre la rentrée de tous les revenus de la commune et de toutes les sommes qui lui seraient dues, ainsi que d'acquitter les dépenses ordonnancées par le président de la municipalité, jusqu'à concurrence des crédits ouverts au budget. Ce comptable porte le titre de receveur municipal dont la nomination est faite par décret rendu sur le rapport du premier ministre. Les caisses et la tenue des écritures des receveurs municipaux sont vérifiées par le directeur des Finances.

Tableaux résumés des budgets des villes de la Tunisie.

(EXERCICE 1302. — 13 OCT. 1884-12 OCT. 1885)

I. — Recettes.

MUNICIPALITÉS	RECETTES ORDINAIRES	RECETTES EXTRAORDIN.	TOTAL
	Piastres.	Piastres.	Piastres.
Tunis	916.271.54	640.000.00	1.556.271.54
La Goulette	91.000.00	80.000.00	171.000.00
Sfax	95.000.00	80.000.00	175.000.00
Sousse	56.000.00	80.000.00	136.000.00
Bizerte	10.000.00	60.000.00	70.000.00
Le Kef	17.440.00	60.000.00	77.440.00

II. — Dépenses.

MUNICIPALITÉS	DÉPENSES ORDINAIRES	DÉPENSES EXTRAORDIN.	TOTAL
	Piastres.	Piastres.	Piastres.
Tunis	893.599.04	616.847.50	1.510.446.54
La Goulette	64.150.00	86.000.00	150.150.00
Sfax	92.830.00	80.000.00	172.830.00
Sousse	98.630.00	37.370.00	136.000.00
Bizerte	30.000.00	40.000.00	70.000.00
Le Kef	26.640.00	40.800.00	77.440.00

Les dépenses ordinaires se décomposent ainsi :

MUNICIPALITÉS	FRAIS D'ADMINISTR.	POLICE MUNICIPALE	TRAVAUX D'ENTRETIEN	DÉP. DIVERSES ÉCLAIRAGE BALAYAGE
	Piastres.	Piastres.	Piastres.	Piastres.
Tunis	116.312.00	53.000.00	350.000.00	374.287.04
La Goulette	23.150.00	3.600.00	16.400.00	21.000.00
Sfax	35.330.00	14.000.00	12.500.00	31.000.00
Sousse	33.230.80	22.000.00	10.650.00	32.750.00
Bizerte	10.967.00	8.450.00	»	10.583.00
Le Kef	13.600.00	6.720.00	2.560.00	13.760.00

L'œuvre de civilisation et de progrès entreprise par M. Paul Cambon en Tunisie a été heureusement inaugurée. Que de choses ont été faites en l'espace de trois années !

Deux réformes importantes nécessaires : la suppression de la Commission financière, et l'abolition des Capitulations ont été opérées. La Juridiction française a été établie et étendue aux indigènes, dans leurs litiges avec les Européens en matière personnelle et mobilière. Deux projets de loi, sur la législation en matière immobilière et sur les faillites, ont été élaborés. Le budget de la Régence a été méthodiquement rétabli ; les services administratifs, tels que la Direction des Finances, des Douanes, des Contributions diverses, des Travaux Publics, des Forêts, des Mines, ont été créés ou réorganisés ; des municipalités ont été créées. L'Enseignement public a été transformé, et s'est développé dans des proportions considérables.

En ce qui concerne la cause de l'agriculture et du commerce, de sages mesures ont été prises. Les droits de sortie sur les céréales ont été supprimés, la réduction provisoire sur le droit de sortie des huiles a été maintenue à titre définitif ; les droits de douane à l'intérieur de la Régence ont été supprimés, les droits de porte et de mesurage sur les céréales destinées à l'exportation ont été abolis. Dernièrement encore, diverses taxes d'un faible produit, il est vrai, mais de nature à entraver le commerce tunisien, ont été supprimées.

Sans doute, il y a encore à faire, mais, pour mener à bien les réformes, il faut les préparer peu à peu, successivement et sans trop de précipitation. Notamment, le dégrèvement d'un certain nombre de droits, pesant trop lourdement sur le commerce, et la diminution de l'impôt de la Medjba, si onéreux pour les cultivateurs, sont ardemment désirés. Ces vœux, nous le savons, seront l'objet de la sollicitude du Représentant de la France.

M. Paul Cambon était Préfet du Nord lorsque le Gouvernement de la République l'investit des hautes fonctions qu'il occupe encore aujourd'hui (1). Les populations si laborieuses de ce département, tout en appréciant un avancement si mérité, regrettèrent le départ de cet éminent administrateur à qui était réservé l'honneur de doter la Tunisie de sages et utiles réformes.

Le règne de S. A. Sidi Aly Bey sera un des plus illustres ; son nom restera attaché aux réformes importantes qui auront marqué son règne. Intelligent et libéral, le Bey de Tunis, voulant le

(1) M. Jules Cambon a succédé à son frère comme Préfet du Nord.

bonheur de son peuple, suit avec confiance les conseils du ministre de la France. Sa sympathie nous est acquise depuis longtemps ; le passé répond de l'avenir.

IV

ADMINISTRATION JUDICIAIRE

Justice Musulmane.

La justice musulmane est toujours exercée par le Férik, lieutenant du Bey à Tunis, les Caïds et les Cheiks, et les Charaâ ou Tribunaux religieux. Les pénalités sont : l'amende, la bastonnade, la prison, le bagne, la mort. Le genre de mort n'est pas le même pour tous les condamnés : les Turcs et Koulouglis sont étranglés au moyen d'une corde ; les Maures sont décapités, les Arabes nomades et les Juifs sont pendus.

Justice Française.

En vertu de la loi du 27 mars 1883, un Tribunal français a été institué à Tunis, et 6 Justices de Paix ont été créées : à Tunis, à la Goulette, à

Bizerte, à Sousse, à Sfax et au Kef. Ces tribunaux font partie du ressort de la Cour d'Appel d'Alger.

Le Tribunal de Tunis comprend : 1 président, 3 juges titulaires, 2 juges suppléants, 1 procureur de la République (1), 1 substitut et 1 greffier.

Le Tribunal de Tunis connaît en dernier ressort des actions personnelles et mobilières jusqu'à la valeur de 3.000 francs, et des actions immobilières jusqu'à 120 francs de revenu. En premier ressort, sa compétence est illimitée.

En matière correctionnelle, il statue en premier ressort sur tous les délits et contraventions dont la compétence n'est pas attribuée aux Juges de paix.

En matière criminelle, le Tribunal de Tunis statue, en dernier ressort, sur tous les faits qualifiés crimes, avec l'adjonction de 6 assesseurs ayant voix délibérative, tirés au sort sur une liste dressée chaque année. La liste générale des assesseurs est composée de 195 noms, et divisée en 3 catégories distinctes : la première catégorie comprend les noms des assesseurs français ; la deuxième, les noms des assesseurs de nationalité

(1) Le Gouvernement français a récemment appelé aux importantes fonctions de Procureur de la République à Tunis un jeune magistrat, M. Herbaux, destiné, par son savoir et son intelligence, à un brillant avenir. Ses concitoyens, au nombre desquels nous sommes, ont applaudi à un avancement si justement mérité. A. R.

étrangère ; la troisième, les noms des assesseurs indigènes. Le nombre des assesseurs de chaque catégorie est de soixante-cinq. Ces listes sont dressées par une Commission composée, savoir : En ce qui concerne la désignation des assesseurs français, 1° du Résident Général de France ou de son Représentant ; 2° du Président du Tribunal ; 3° du Procureur de la République ; 4° du Consul Général de France ; 5° du premier Député de la nation. En ce qui regarde la désignation des assesseurs de nationalité étrangère, la Commission est composée du Résident Général de France ou de son Représentant, du Président du Tribunal, du Procureur de la République, de deux notables désignés par les Représentants des puissances étrangères. En ce qui concerne la désignation des assesseurs indigènes : du Résident Général de France ou de son Représentant, du Président du Tribunal, du Procureur de la République, de deux fonctionnaires ou notables désignés par décret du Bey.

Un mois au moins avant l'ouverture de chaque session criminelle, le Président du Tribunal tire au sort, en Chambre du Conseil, sur les listes générales et à raison de 14 par chaque catégorie, les noms des assesseurs qui seront appelés pendant ladite session à compléter le Tribunal. Les 6 individus, dont les noms sont sortis les premiers sur la liste de la première catégorie, sont désignés comme assesseurs titulaires de la session ; les 8 autres sont appelés, suivant l'ordre du tirage, à suppléer les assesseurs récusés ou décédés, ainsi que ceux qui justifieraient d'un cas d'empêchement par suite d'absence ou de maladie, ou qui auraient été frappés d'une condamnation pénale depuis le renouvellement de la liste, ou seraient sous le coup de poursuites criminelles. Si l'accusé ou l'un des accusés est Français ou protégé français, les 6 assesseurs titulaires ou leurs suppléants siègent comme adjoints au Tribunal. Si les accusés sont tous de nationalité étrangère, le Président du Tribunal appelle à siéger avec les trois premiers assesseurs français, les trois assesseurs étrangers dont les noms sont sortis les premiers sur la liste de la deuxième catégorie. Toutefois, lorsque l'accusé en aura fait la demande, les assesseurs de la même nationalité que lui seront d'abord appelés à siéger. Dans le cas où leur nombre est insuffisant, l'accusé peut désigner la nationalité à laquelle appartiendront les 3 derniers assesseurs. Dans le cas où les accusés sont de nationalités différentes, chacun pourra demander un assesseur de sa propre nationalité ou de la nationalité de son choix. S'ils sont deux, le sort désigne celui qui pourra en demander deux ; s'ils sont plus de trois, le sort désigne les accusés qui pourront exercer leur droit : le tout sans préjudice de l'exercice du droit de récusation. Si les accusés sont tous indigènes, le Président du Tribunal appelle à siéger, avec les 3 premiers assesseurs français, les 3 assesseurs indigènes dont les noms sont sortis les premiers sur la liste de la troisième catégorie. Si les accusés sont, les uns des étrangers, les autres des indigènes, le Président appelle à siéger 2 assesseurs étrangers et 1 assesseur indigène. Il est pourvu au remplacement des assesseurs étrangers ou indigènes récusés, décédés, absents ou malades, condamnés ou poursuivis criminellement, par l'appel des assesseurs désignés après eux par le sort, et uniformément, pour tous les cas, dans l'ordre du tirage des listes.

Le droit de récusation des accusés et du Ministère Public est exercé avant l'ouverture des débats, dans les conditions suivantes : lorsque six assesseurs français siègent au tribunal, les accusés peuvent récuser deux assesseurs, le Ministère Public a le même droit. Lorsque siègent trois assesseurs français et trois assesseurs étrangers ou indigènes, le droit de récusation ne pourra être exercé, tant par les accusés que par le Ministère Public, que contre un assesseur français et un assesseur étranger ou indigène.

Les assesseurs sont choisis parmi les personnes

âgées de 30 ans au moins et d'une honorabilité reconnue. Les fonctions d'assesseur sont incompatibles avec celles de fonctionnaire français ou étranger en Tunisie, de militaire et de marin en activité de service, de fonctionnaire tunisien civil ou militaire. Ne peuvent être assesseurs les domestiques ou serviteurs à gage.

Le Tribunal de Tunis statuant au criminel est saisi par un arrêt de renvoi rendu par la Chambre des Mises en accusation de la Cour d'Appel d'Alger. Sa décision est rendue dans les mêmes formes que les jugements en matière correctionnelle. Le Tribunal assisté d'assesseurs tient ses assises tous les trois mois, aux dates fixées d'avance par arrêté ministériel.

Un décret récent (2 septembre 1885) a augmenté dans une large mesure la compétence de la juridiction française. Depuis cette date les Tribunaux correctionnel et criminel de Tunis sont compétents pour les crimes commis par un indigène sur un européen et pour les délits commis par un indigène de complicité avec un européen.

JUSTICES DE PAIX

Les Tribunaux de paix se composent d'un Juge de Paix, d'un ou plusieurs suppléants et d'un

Greffier. Un officier de police judiciaire remplit les fonctions du Ministère Public.

Les Juges de Paix exercent en matière civile et pénale la compétence étendue telle qu'elle est déterminée par le décret du 19 août 1854. Toutefois les Juges de Paix siégeant dans les villes où il y a un Tribunal de 1re instance n'ont cette compétence étendue que pour les actions personnelles et mobilières en matières civile et commerciale ; pour le surplus, la compétence ordinaire est celle des Justices de Paix en Algérie.

Le ressort de la Justice de Paix de Tunis comprend le cercle militaire de Tunis (moins la partie de ce cercle réservée à la Justice de Paix de la Goulette) et les cercles militaires d'Aïn-Touga et de Zaghouan. Le ressort de la Justice de Paix de Bizerte comprend le cercle militaire de Bizerte, l'annexe de Mateur et le cercle de Beja. Le ressort de la Justice de Paix de la Goulette comprend la partie du cercle de Tunis située entre la mer et une ligne déterminée par Kamart, l'Aouina, l'Oued Méliana et la limite du cercle de Zaghouan. Le ressort de la Justice de Paix du Kef comprend les cercles militaires d'Aïn-Drahm, de Ghardimaou, du Kef, et l'annexe de Feriana. Le ressort de la Justice de Paix de Sousse comprend les cercles militaires de Sousse, Kairouân, de Mahadia et de Gamada. Le ressort de la Justice de Paix de Sfax comprend les cercles militaires de Sfax, de Djilma, de Maharès, de Gabès, d'El-Aiacha, l'annexe de Tozeur et les cercles de Gassa et de Djerba-Ksar-Mondenin.

Les décrets des 18 juin et 18 août 1884 règlent les conditions d'admission au bénéfice de l'assistance judiciaire en matière civile, criminelle et correctionnelle.

Les Tribunaux de la Tunisie font partie du ressort de la Cour d'Alger.

Des interprètes sont attachés aux Tribunaux et aux Justices de Paix. Les magistrats composant ces différents Tribunaux, les Greffiers, Commis-greffiers et interprètes attachés à ces Tribunaux sont soumis aux lois et règlements qui régissent les juridictions algériennes. Les conditions d'âge et de capacité pour leur nomination sont les mêmes que celles exigées pour l'exercice, en Algérie, des mêmes fonctions.

Les décrets portant nomination et révocation des Magistrats, des officiers ministériels et des interprètes sont rendus sur la proposition du Garde des Sceaux, Ministre de la Justice.

STATISTIQUE

Du 1er mai au 31 décembre 1883 (1re année) le Tribunal de Tunis a vu porter devant lui 204 affaires civiles et 335 causes commerciales, soit en tout 539. Son Président a rendu 101 ordonnances dont 23 en référé, 10 faillites ont été ouvertes. Enfin les Juges de Paix ont eu à juger 1.204 affaires de leur compétence et à concilier 1.773 affaires dont 40 à l'audience. 16 demandes d'assistance judiciaire (en matière civile) ont été soumises au Bureau d'assistance et admises.

Il importe de remarquer que, en 1883, le Tribunal de Tunis n'avait compétence que pour les contestations entre Français. Par suite de l'abrogation définitive des Capitulations, le chiffre des affaires à juger en 1884 devait nécessairement s'accroître. Cette augmentation est constatée

Traitement des Magistrats et du Personnel de la Justice Française en Tunisie.

TRIBUNAL

Président	12.000	Substitut	8.000
Juge d'instruction	8.000	Greffier	4.000
Juge	8.000	Commis-greffier	5.000
Juge suppléant	2.400	Interprète	3.400
Procureur de la Rép.	12.000		

JUSTICES DE PAIX

Juge de paix	5.000	Officier de police judiciaire	3.500
Greffier	3.500		
Interprète	3.000		

dans le rapport présenté par le garde des Sceaux, Ministre de la Justice, au Président de la République sur l'Administration de la Justice civile et commerciale en France, en Algérie et en Tunisie pendant l'année 1884.

Le Tribunal de Tunis a été saisi de 567 affaires civiles dont 530 inscrites au rôle et 37 portées devant lui sur requête ou sur rapport; il en a jugé 301; les autres ont été suivies de transaction ou d'ajournement. Le président a rendu 595 ordonnances, parmi lesquelles 117 sur référé. Jugeant au commercial, le même Tribunal a eu à connaître de 546 affaires contentieuses; il a eu, en outre, à régler 21 faillites.

Les six Justices de paix comprises dans l'arrondissement de Tunis ont eu à juger 3.605 affaires de leur compétence, et à concilier 5.672 contestations. Celle de Tunis entre pour 2.318 dans le premier chiffre et pour 2.776 dans le second.

LOI SUR LA PROPRIÉTÉ FONCIÈRE

Le Bey de Tunis, voulant étendre aussi la compétence des Tribunaux français aux matières immobilières, a nommé le 31 juillet 1884 une Commission chargée d'élaborer une loi sur la propriété foncière, et de proposer les conditions dans lesquelles la compétence en matière immobilière serait remise aux Tribunaux français. Cette Commission, sous la présidence de M. Paul Cambon, Résident Général de France, a terminé ses délibérations qui ont abouti à la confection d'une loi promulguée le 5 juillet 1885, mais qui ne sera mise à exécution que dans quelque temps, lorsque les importants décrets réglementaires qui doivent en former le complément auront été rendus. Cette loi ne compte pas moins de 381 articles divisés en 14 titres. Il serait trop long de l'analyser en entier, mais il faut tout au moins en indiquer le point le plus important. Toute transmission de propriété ou de constitution de droits réels doit résulter de l'inscription sur un registre tenu par le Conservateur de la propriété foncière. L'immatriculation est facultative, elle donne toute sécurité aux acquéreurs de biens, les immeubles immatriculés ressortissant exclusivement et d'une manière définitive à la Juridiction des Tribunaux français.

ABOLITION DES CAPITULATIONS

Les Puissances qui, en vertu de Traités ou de Capitulations, jouissaient du droit de rendre la Justice en Tunisie dans certaines affaires concernant leurs nationaux, ayant fait connaître au Gouvernement Tunisien qu'elles renonçaient à ce droit en faveur des nouvelles juridictions établies par le Gouvernement français, le Bey de Tunis pensa que le moment était favorable pour simplifier davantage l'Administration judiciaire de la Régence. En vertu du décret du 31 juillet 1884, les Tribunaux français connaissent de toutes les affaires commerciales et civiles dans lesquelles des Européens sont en cause. C'était donc purement l'Abolition des Capitulations.

L'installation des Tribunaux français fut faite en audience solennelle le 24 avril 1883. Toutes les autorités civiles et militaires françaises et tunisiennes, les représentants des puissances étrangères, avaient voulu, en se rendant au palais Khereddine, rehausser par leur présence l'éclat de cette solennité.

La Magistrature française établie en Tunisie depuis trois ans seulement a su conquérir le respect et l'admiration de tous; on peut dire que cette institution a été le premier pas dans la voie de l'organisation définitive du Protectorat Français.

V

INSTRUCTION PUBLIQUE — BEAUX-ARTS CULTES

I. — INSTRUCTION PUBLIQUE

Désireux de ne donner que des renseignements absolument précis sur la situation actuelle de l'enseignement en Tunisie, nous nous sommes adressé à M. Machuel, directeur de l'Enseignement public. C'est grâce à son obligeance que nous pouvons tracer ici le tableau si exact de l'enseignement dans ce pays; nous prions M. Machuel de vouloir bien agréer l'expression de notre plus vive gratitude.

Nous parlerons donc : 1° de l'enseignement arabe tel qu'il est donné dans les écoles musulmanes ; 2° de l'enseignement français, supérieur, secondaire et primaire.

Enseignement arabe.

L'enseignement arabe est donné dans les mosquées et dans les écoles primaires ; dans les établissements religieux de chacune des villes un peu importantes de la Tunisie, à Sousse, à Sfax, au Kef, à Kairouan et à Bizerte, on fait des cours de grammaire, de théologie et de droit.

UNIVERSITÉ DE TUNIS OU GRANDE MOSQUÉE (DJAMA ZITOURNA)

L'Université tunisienne qui a pour chef le cheikh El-Islam, Si Ahmed ben El-Khoudja, est, en raison de son administration spéciale et de certaines prérogatives, le principal établissement d'instruction pour les indigènes. Les études comprennent vingt matières dont les plus importantes sont : la grammaire, la rhétorique, la lexicologie, la littérature, la métrique, la logique, la morale, la théologie, la science des traditions, l'interprétation du Coran, le droit, l'arithmétique, la géométrie, l'algèbre, l'astronomie, etc.

Le Cheikh El-Islam est assisté, dans le Conseil d'Administration, du bach-mufti maleki et du cadi de chacun des deux rites hanefi et maleki.

Le personnel enseignant se compose de :

4 Imans, 2 bibliothécaires, 2 sous-bibliothécaires, 30 professeurs de 1re classe (15 du rite hanefi et 15 du rite maleki), 12 professeurs de 2e classe (6 hanefis et 6 malekis), 80 professeurs auxiliaires.

Environ 600 élèves suivent les cours de la Grande Mosquée.

Les diplômes délivrés par cette Université sont : le *tetouiâ* (sorte de licence), qui permet au titulaire d'aspirer au grade de professeur ou de demander une charge de notaire au Gouvernement. Le certificat de *taleb* (savant) exige des connaissances moins étendues et est recherché spécialement par ceux qui veulent éviter le service militaire ou être exempts de la *medjba* (capitation). Les examens sont publics et sont présidés par le chef de l'Université entouré du Conseil d'Administration et des professeurs.

Les *écoles primaires* ou *koraniques* sont au nombre de 113 pour Tunis seulement; on en compte environ 500 dans toute la Régence. On y enseigne la lecture, l'écriture et l'orthographe usuelle de la langue. Les élèves paient une cotisation variant de une à cinq piastres par mois.

Enseignement français.

I. — ENSEIGNEMENT SUPÉRIEUR

Une Chaire publique de langue arabe a été créée à Tunis. Ces cours sont suivis par un certain nombre de fonctionnaires, de négociants, d'officiers, qui, appelés à être tous les jours en rapport avec l'élément arabe, ont compris quel intérêt ils avaient à apprendre cette langue. Le mode d'enseignement a été, du reste, parfaitement compris; on a, en effet, tout spécialement recommandé au professeur chargé du cours, de consacrer la moitié de ses leçons à l'étude de l'arabe parlé et l'autre à celle de l'arabe régulier. Les efforts de M. le Directeur de l'Enseignement public tendent à faire instituer à Tunis des examens pour l'obtention du brevet de langue arabe, donnant droit à des primes semblables à celles qui sont accordées aux fonctionnaires des différentes Administrations supérieures de l'Algérie.

Cours supérieur de français pour les interprètes et employés des différentes Administrations tunisiennes.

On a créé des cours pour les interprètes du Ministère tunisien qui ne manient pas facilement la langue française sous les deux formes écrite et parlée, et dont l'instruction française a besoin d'être perfectionnée. On fait à ces jeunes gens, trois fois par semaine, des leçons sur la littérature française, on leur donne des devoirs à rédiger, des traductions de français en arabe et *vice-versâ* à faire. Une séance est consacrée à la lecture et à l'explication raisonnée de nos écrivains. Ces exercices ont pour but d'apprendre à ces jeunes gens de s'exprimer correctement en français, ce qu'on acquiert surtout par la conversation.

Une fois par semaine, un ancien avocat du barreau de Paris fait un cours de législation usuelle et de législation comparée. La connaissance de notre droit civil et pénal pénétrera ainsi peu à peu en Tunisie, et nos protégés pourront mettre à profit ce qu'ils auront appris. On a également institué un cours de comptabilité générale et de comptabilité administrative.

Un cours supérieur de français a été enfin spécialement créé pour les femmes et jeunes filles voulant se préparer aux examens du brevet de capacité. Les cours sont faits par 3 professeurs de l'Ecole Normale et du Collège Sadiki.

II. — ENSEIGNEMENT SECONDAIRE

Collège Sadiki.

Le Général Kheir-ed-Din, Premier Ministre du Bey Mohammed Es Sadock, fonda ce Collège en 1876 avec les biens confisqués sur l'ancien Ministre Si Mustapha Khasnadar.

L'administration de ce Collège est confiée à un Conseil de huit membres à la tête duquel se trouve le Directeur de l'Enseignement.

Le personnel enseignant se compose de : un Directeur tunisien spécialement chargé de la direction des études arabes, un inspecteur des études européennes, un censeur des études européennes et chargé du cours de sciences, quatre professeurs de français ayant leurs grades universitaires et un maître répétiteur français (connaissant tous la langue arabe), six professeurs et quatre maîtres élémentaires pour l'enseignement de l'arabe.

Les matières enseignées comprennent la langue française (lecture, écriture, grammaire, littérature), des notions d'histoire et de géographie générale, l'histoire et la géographie de la France, le système métrique, la géométrie, l'algèbre, les éléments de physique et de chimie, et l'italien.

Les élèves qui fréquentent le Collège Sadiki sont au nombre de 150 et ne sont admis qu'à la suite d'un concours.

Collège Saint-Charles.

Le cardinal Lavigerie fonda ce Collège en 1880 sur les ruines de Carthage, mais en 1882 le transport du Collège a été effectué à Tunis.

L'enseignement donné par les Pères Missionnaires d'Afrique est conforme aux programmes officiels français pour les enseignements primaire, secondaire classique et secondaire spécial.

Conformément à l'arrêté du 27 juillet 1882, l'enseignement primaire comprend un cours supérieur, un cours moyen, un cours élémentaire et une classe enfantine. L'enseignement secondaire classique doit conduire après cinq années d'études à l'examen du baccalauréat (1re partie).

L'enseignement secondaire mène, en cinq années, au baccalauréat d'enseignement secondaire.

Cette Ecole compte 240 élèves (français, italiens, maltais, israélites et musulmans) et 23 professeurs. On y donne une instruction spéciale et complète aux jeunes gens qui se préparent au Commerce, à l'Industrie et aux Ecoles du Gouvernement français.

Collège Alaoui ou *Ecole Normale de Tunis* (1884).

Il fallait que la Tunisie possédât un établissement scolaire semblable aux Collèges et aux Lycées de l'Europe, dans lesquels les enfants musulmans pussent recevoir une instruction solide et variée sans être retenus par aucun scrupule religieux. Le Bey de Tunis l'a compris, en créant, avec l'assentiment et les encouragements du Gouvernement français, le Collège Alaoui.

Le personnel enseignant se compose de :

1° Un professeur muni du brevet supérieur, et du diplôme d'arabe, chargé de l'Ecole annexe et de la direction des études de l'Ecole Normale.

2° Un professeur de sciences pourvu du certificat d'aptitude à l'enseignement dans les écoles normales.

3° Un professeur de lettres pourvu du brevet supérieur et du diplôme d'arabe.

4° Un professeur de lettres ayant le brevet supérieur, chargé de l'économat.

5° Un maître surveillant pourvu du brevet supérieur et cinq maîtres élémentaires ayant le brevet simple.

M. le Directeur de l'Enseignement Public fait chaque jour un cours de langue arabe auquel les maîtres élémentaires et les maîtres surveillants sont obligés d'assister. Ce cours est suivi par d'autres professeurs de l'Ecole, bien que pour eux ce cours soit facultatif.

Les études sont divisées en trois années :

Les élèves les plus avancés préparent l'examen du brevet simple qu'ils doivent passer au mois de juillet. Ceux de la 2e année sont tenus de se présenter au certificat d'études primaires à la même époque. La 3e année est pour ainsi dire une classe préparatoire ; les élèves qui la fréquentent ne se présentent généralement pas à la fin de l'année au brevet du certificat d'études.

L'Ecole est située sur une hauteur d'où la vue s'étend sur toute la ville, sur la Goulette, les collines de Carthage et de La-Marsa ; c'est assurément un des quartiers les plus sains de Tunis.

Statistique des Etablissements secondaires.

NOMS DES ÉTABLISSEMENTS	Classes.	Maîtres.	Français.	Italiens.	Ang. maltais.	Israélites.	Arabes.	Divers.	Total.
Collège Sadiki	7	8	»	»	»	»	150	»	150
Collège Saint-Charles	13	23	73	27	26	72	24	18	240
Collège Alaoui	3	7	5	»	»	2	19	»	26
TOTAUX	23	38	78	27	26	74	193	18	416

III. — ENSEIGNEMENT PRIMAIRE

Garçons.

Ecole de l'Alliance Israélite.

Cette Ecole a été fondée à Tunis, grâce aux libéralités de l'Alliance Israélite Universelle de Paris, de la Communauté juive de Tunis et du Consulat de France. Elle a été placée sous la protection effective de la France, par lettre ministérielle du 4 avril 1879.

GARÇONS. — Le programme des Etudes, pour le français et l'enseignement élémentaire, est à peu près celui des Ecoles de la ville de Paris. On y enseigne de plus l'arabe et l'hébreu. La durée des études, y compris l'année préparatoire, est de cinq années.

L'école des Garçons comprend 19 divisions formant cinq classes, avec 969 élèves.

FILLES. — Ouverte le 1er juin 1882, cette école donne de belles espérances.

Le personnel enseignant se compose d'une Directrice chargée d'une classe, de 2 maîtresses de français et de deux maîtresses de couture. On voit que l'enseignement n'est pas purement théorique et que là on apprend aux jeunes filles ce qu'il importe qu'elles sachent.

L'Alliance Israélite a créé des Ecoles à Sousse et à Mehdia, fréquentées par 236 élèves de nationalités différentes.

Annexe du Collège Sadiki.

L'enseignement comprend : l'étude du Coran, l'étude élémentaire de la grammaire arabe, l'étude de la langue française (lecture, écriture, calcul oral et écrit, système métrique, exercices de langage, notions de grammaire). Trois heures sont consacrées chaque jour à l'enseignement arabe, et quatre heures à l'enseignement français.

On lira avec plaisir que le Directeur de cette Ecole est un professeur français (parlant parfaitement la langue arabe), et que les deux professeurs adjoints sont deux anciens élèves du Collège Sadiki, munis du brevet simple.

L'*Ecole française* de Sousse, bien que de date récente, est appelée à devenir une des meilleures de la Régence.

Il y a au Kef une école française créée par le Directeur de l'Enseignement Public, et dont l'entretien est à la charge du Gouvernement tunisien.

Sfax possède une école arabe-française destinées aux indigènes. C'est un Français qui dirige cette Ecole. Il y a aussi à Sfax une école française congréganiste dont les professeurs sont des Frères Maristes.

Ecole des Frères de la Doctrine Chrétienne.

Mgr Sutter, Vicaire Apostolique de la Régence, créa cette Ecole en 1853. Les Frères de la Doctrine Chrétienne ont trois écoles à Tunis et une à la Goulette.

Ecoles Etrangères.

Il convient de signaler ici les Ecoles Anglaises et Italiennes.

ECOLES ANGLAISES. — Ouvertes en 1830, les Ecoles de la Société de Londres (*London Jews Society's College*) sont les établissements les plus anciens de la Régence. Le Collège des garçons, dans lequel on enseigne l'italien, le français, l'arabe et l'hébreu et où on prépare les jeunes gens au Commerce, a pris une extension relativement considérable sous la direction de M. le professeur Giulio Perpetua. En effet, lorsque M. Perpetua prit, en 1872, la direction de cette Ecole, elle était fréquentée par 27 élèves.

On compte maintenant 160 élèves au collège des garçons et 145 à l'école des filles. Ces écoles, quoique ouvertes à tous, sont généralement fréquentées par des Israélites. L'enseignement est gratuit.

M. Giulio Perpetua est l'auteur d'ouvrages géographiques sur la Tunisie. Après avoir obtenu une médaille de bronze à l'Exposition de Sidi-Bel-Abbès, il obtenait plus tard, à l'Exposition d'Amsterdam, une médaille d'argent. Sa géographie de la Tunisie, qui comporte une édition italienne et une française, a été inscrite par l'Alliance comme livre de texte dans les écoles. C'est indiquer suffisamment la valeur de cet ouvrage. M. Perpetua aura largement contribué à faire connaître le pays qui est aujourd'hui sous notre Protectorat ; nous croyons savoir qu'il obtiendra bientôt une récompense digne de ses travaux.

ECOLES ITALIENNES. — Dès 1864, le Gouvernement italien créait à Tunis un Collège Italien de garçons sous le titre de *Ecole nationale*. Cette Ecole, bâtie sur un terrain donné par le Bey, est subventionnée par l'Italie. On y enseigne l'italien, le français, l'arabe, la géographie, l'histoire, l'arithmétique, l'algèbre, la géométrie, la tenue des livres et le dessin.

On a organisé pour les filles un collège, dans

les mêmes conditions, et qui compte 250 élèves environ.

L'Italie a aussi à Tunis une *Ecole nationale des Arts et Métiers*, subventionnée par le ministère du Commerce et de l'Industrie. L'enseignement est pratique et gratuit. Les professeurs sont exclusivement italiens.

L'Italie a enfin une école laïque à la Goulette, à Sousse, une école laïque de garçons et une école nationale de filles à Sfax.

Filles.

Etablissement des Dames de Sion.

Les Dames de Sion, dit M. Machuel dans son rapport, ont fait construire un pensionnat qui joint à tout le confortable nécessaire les qualités requises d'un établissement d'instruction destiné aux jeunes filles. Des salles spéciales sont affectées à l'enseignement des arts d'agrément : dessin, musique, chant, etc. Le pensionnat compte actuellement 92 élèves.

Ecole des Dames de Saint-Joseph de l'Apparition.

Tunis, La Goulette, Bizerte, Sousse, Monastir, Sfax et Djerba ont des écoles dirigées par les sœurs de Saint-Joseph. L'Ecole de Tunis est divisée en deux catégories : l'une payante, l'autre gratuite.

STATISTIQUE

En résumé, on compte en Tunisie 27 Ecoles primaires françaises dont 24 fréquentées par 2.291 garçons et 1.683 filles. Sur les 14 écoles fréquentées par les garçons, 7 sont tenues par des laïques et les 7 autres par des congréganistes. Le tableau ci-contre donne, du reste, tous les détails désirables :

ÉCOLES PRIMAIRES DE LA RÉGENCE DE TUNIS

ÉCOLES DE GARÇONS

LOCALITÉS	Classes.	Maîtres.	Français.	Italiens.	Angl. maltais.	Israélites.	Arabes.	Divers.	Total.
TUNIS — Ecole Bab Djezira	4	5	14	101	74	»	»	»	192
TUNIS — » El Mordjani	2	2	5	63	10	»	»	»	81
TUNIS — » Centrales	4	6	33	35	61	20	11	9	169
TUNIS — » Bab Carthagène	»	»	»	»	»	»	»	»	»
TUNIS — » Des Dames de Sion	1	»	12	5	»	»	»	»	17
TUNIS — » Alliance Israélite	19	20	»	»	»	969	»	»	969
TUNIS — » annexe de Sadiki	3	3	»	»	»	»	157	»	157
TUNIS — » an. de l'École norm.	4	4	6	»	»	1	57	»	64
La Marsa	»	»	»	»	»	»	»	»	»
La Goulette	3	3	12	46	18	4	2	1	83
Bizerte	1	1	4	15	3	10	»	»	32
Le Kef	1	1	3	»	»	30	21	»	54
Béjà	»	»	»	»	»	»	»	»	»
Sousse	3	3	10	25	40	5	»	»	80
» Alliance israélite	6	6	»	»	»	182	»	»	182
Mehdia d°	3	3	10	18	»	17	»	9	54
Monastir	»	»	»	»	»	»	»	»	»
Sfax	2	2	3	2	10	12	26	»	53
» Frères Maristes	4	4	9	24	65	4	1	1	104
Djerba	»	»	»	»	»	»	»	»	»
TOTAUX	60	63	121	310	281	1.254	275	20	2.291

ÉCOLES DE FILLES

LOCALITÉS	Classes.	Maîtresses.	Françaises.	Italiennes.	Angl. maltais.	Israélites.	Arabes.	Divers.	Totaux
TUNIS — Ecole Bab Djezira	»	»	»	»	»	»	»	»	»
TUNIS — » El Mordjani	»	»	»	»	»	»	»	»	»
TUNIS — » Centrales	7	14	91	144	83	93	»	8	419
TUNIS — » Bab Carthagène	3	3	5	68	103	»	»	»	176
TUNIS — » Des Dames de Sion	5	8	37	31	3	»	»	4	75
TUNIS — » Alliance Israélite	4	5	»	»	»	278	»	»	278
TUNIS — » annexe de Sadiki	»	»	»	»	»	»	»	»	»
TUNIS — » an. de l'École norm.	»	»	»	»	»	»	»	»	»
La Marsa	2	2	3	5	6	12	»	»	26
La Goulette	3	5	18	71	42	16	»	»	147
Bizerte	3	3	8	30	12	14	»	»	64
Le Kef	»	»	»	»	»	»	»	»	»
Béjà	3	3	4	4	7	50	»	»	65
Sousse	4	4	15	36	49	27	»	»	127
» Alliance israélite	»	»	»	»	»	»	»	»	»
Mehdia d°	2	2	4	4	24	18	»	»	50
Monastir	3	3	»	11	31	25	5	»	72
Sfax	»	»	»	»	»	»	»	»	»
» Frères Maristes	4	4	3	17	63	18	1	1	103
Djerba	3	3	»	7	74	»	»	»	81
TOTAUX	45	59	188	423	497	551	6	13	1.683

Une autre statistique, de M. le Directeur de l'Enseignement Public, établit que 4.654 enfants étudient la langue française en Tunisie (1).

Ainsi qu'on a pu en juger, on ne néglige rien en Tunisie pour tout ce qui se rattache à l'instruction. Pour être complet, disons que des Cours publics et gratuits sont faits, à Tunis, aux adultes Musulmans et que plus de 300 déjà ont voulu profiter du moyen d'instruction qui leur était offert. Cette année même, des écoles spécialement destinées aux indigènes ont été installées à Tunis, au Kef, à Sfax, à Sousse, à Gabès, à Kairouan.

M. le Directeur de l'Enseignement voudrait qu'une Ecole Primaire Supérieure avec cours professionnels fût créée à Tunis le plus tôt possible. Il estime que le besoin d'une institution de ce genre se fait vivement sentir, car bon nombre d'enfants se trouvent dans l'obligation d'arrêter leurs études, faute d'un établissement leur offrant les moyens de compléter l'instruction reçue dans les Ecoles primaires existantes.

Un décret récent (27 juin 1885) institue une

(1) M. Elisée Reclus, le célèbre géographe, qui parcourt en ce moment le Nord de l'Afrique avant de mettre la dernière main au volume de son grand ouvrage qui doit traiter de cette région, a profité de son séjour à Tunis pour visiter le collège Sadiki et l'Ecole normale. Il a été émerveillé des résultats obtenus et a déclaré qu'on ne se doutait nullement en France des progrès que notre langue fait dans la Régence.

Commission scolaire dans toutes les localités où il y a une ou plusieurs écoles. Cette Commission se compose de 6 Membres au moins et de 8 Membres au plus. Ces Commissions ont pour but de surveiller et d'encourager le développement des établissements d'instruction. Elles cherchent, par tous les moyens en leur pouvoir, à assurer la fréquentation des écoles; elles recueillent des fonds pour améliorer le matériel scolaire et procurer des fournitures classiques aux élèves indigents. Les Commissions scolaires reçoivent les plaintes qui peuvent être formulées par les familles, et les transmettent, s'il y a lieu, au Directeur de l'Enseignement Public. Elles peuvent, avec l'autorisation du Directeur de l'Enseignement Public, désigner un de leurs membres pour inspecter les écoles.

Si l'on examine sérieusement l'état actuel de l'enseignement en Tunisie, et si on le compare à ce qu'il y était il y a peu d'années, on voit quels progrès sérieux et rapides ont été faits (1).

L'Enseignement public sera l'œuvre de M. Machuel. Par son zèle, par son intelligence et par son dévouement, M. Machuel est arrivé à des résultats dont nous comprendrons plus tard, mieux

(1) Les expositions d'Amsterdam, de Londres, de la Nouvelle Orléans ont décerné des diplômes d'honneur aux écoles de la Régence.

encore, l'importance. Le Gouvernement a été bien inspiré en appelant M. Machuel à la direction de l'Enseignement Public.

Nous devons, à cette place, payer notre tribut à une Association qui rend d'éminents services à la France et qui doit être aidée de tous. L'*Alliance Française* est une Association nationale pour la propagation de la langue française dans les Colonies et à l'étranger. Elle a pour but de répandre la langue française et la littérature française dans nos Colonies, dans les pays soumis à notre protectorat et dans les pays étrangers où les Français sont en nombre. Elle crée de nouvelles écoles, subventionne les anciennes, introduit des cours de français dans celles qui en sont dépourvues, fonde des bibliothèques populaires et scolaires. L'Alliance Française est avant tout une œuvre nationale qui doit s'élever au-dessus des préférences exclusives de secte ou de parti, et ne s'inquiète que du but à atteindre sans se laisser guider par l'arrière-pensée de faire triompher tel ou tel idéal religieux ou politique.

L'Alliance Française a rendu de réels services à la cause de l'enseignement en Tunisie.

II. — BEAUX-ARTS

Un service des *Antiquités, Beaux-Arts et Monuments historiques* a été créé cette année. Le Gouvernement a placé à la tête de ce service important M. René de la Blanchère, Professeur de Faculté, ancien membre de l'Ecole française de Rome, délégué du Ministère de l'Instruction Publique et des Beaux-Arts près la Résidence Française. Le décret qui institue ce service assure enfin l'étude, le classement et la conservation des monuments et œuvres d'art ayant un caractère historique. Il y a, en différents endroits de la Régence de Tunis, des ruines splendides. Pour ne citer qu'une d'elles, nous avons à El-Djem, entre Sousse et Sfax, un amphithéâtre de toute beauté ; certainement, c'est l'un des plus gigantesques monuments antiques de toute l'Afrique septentrionale, qui rivalise en beauté et presque en grandeur avec le Colisée de Rome. Les Arabes extraient de ce monument et de tant d'autres en Tunisie, comme d'une carrière inépuisable, de superbes matériaux de construction, soit pour leur propre usage, soit pour être vendus et transportés ailleurs (1).

(1) Extrait d'une correspondance particulière adressée au journal *Le Siècle*.

Grâce à l'intervention de notre Ministre Résident, Tunis aura un Musée qui sera installé au Bardo, dans le Palais du Harem construit par Mohammed Bey en 1855. Les dépenses d'aménagement seront relativement peu élevées, les vastes locaux de l'édifice se prêtant à merveille à leur nouvelle affectation. Ce Musée portera le nom de *Musée Alaoui*. Toutes les sciences seront représentées dans diverses sections.

Le Gouvernement français ayant offert au Bey de Tunis une collection considérable de livres, comprenant, avec d'autres ouvrages relatifs à toutes les sciences, les travaux de l'Europe sur la géographie, l'histoire et les antiquités de l'Afrique et de la Tunisie, le Gouvernement tunisien a, par décret du 8 mars 1885, ordonné la création à Tunis d'un établissement public sous le nom de *Bibliothèque Française*.

La direction du Musée Alaoui et de la Bibliothèque Française appartiendra à M. de la Blanchère.

III. — CULTES

La religion du pays est celle de Mahomet qui comprend deux sections différentes : les Maleki (gens originaires du pays) et les Haneli (Turcs, Koulouglis, étrangers).

Les Israélites se divisent en Tounsi et Gourni ;

chacune de ces sectes a un consistoire, une administration et un budget séparés.

Il y a environ 6 à 700 protestants et un certain nombre de Grecs.

La Mission catholique date du temps de saint Vincent de Paul (1607) ; on compte actuellement en Tunisie 18.000 catholiques et 10 paroisses. Par une décision récente du Pape Léon XIII, le Vicariat apostolique de Tunis a été érigé en Diocèse sous le titre d'Archevêché de Carthage, et S. E. le Cardinal Lavigerie, archevêque d'Alger, a été nommé archevêque de Carthage. Le nouveau siège archiépiscopal comprend cinq villages : La Marsa, Sidi Bou Saïd, Douar El Schott, Lamalgua et Sidi Daone.

Un Evêque auxiliaire avait été nommé pour aider le Cardinal Lavigerie dans son ministère. Le choix de l'autorité ecclésiastique s'était porté sur le R. P. Antonio Buhagiar, Maltais d'origine, religieux capucin et curé de Sfax ; une nouvelle décision a appelé le nouvel Evêque à l'administration du Diocèse de Malte.

La liste des Œuvres fondées par le Cardinal Lavigerie serait longue à énumérer. Rappelons sommairement que nous lui devons la construction d'un Collège français à Tunis et d'écoles dans différentes localités de la Régence. Le Prélat a créé de nouvelles paroisses tant à Tunis que dans les localités importantes de la Tunisie, recruté le Clergé tunisien, ouvert un nouveau cimetière pour remplacer l'ancien qui était insuffisant, et était une cause permanente d'insalubrité pour la ville, fondé des asiles pour les vieillards (dont un pour les Européens), un hôpital contenant 150 lits, une maison de Sœurs garde-malades, des séminaires, des orphelinats, un établissement d'instruction supérieure pour les jeunes filles (Dames de Sion), une maison de Petites-Sœurs des Pauvres, un Grand-Séminaire français, une Ecole de musique religieuse.

Il me semble qu'après avoir indiqué quelles étaient les œuvres du Cardinal Lavigerie, le meilleur éloge qu'on puisse faire de lui, c'est de dire que tous, en France, sans distinction d'opinion politique ou religieuse, reconnaissent le zèle et le dévouement avec lesquels l'éminent Prélat sert la cause de la France.

VI

FINANCES

Si, d'une part, l'abolition des Capitulations était nécessaire et s'imposait d'une façon impérieuse, nous avions, d'autre part, contre nous une institution qu'il fallait absolument mettre à néant. Nous avons nommé la Commission financière.

Commission financière. — Les Européens porteurs de titres tunisiens, ne pouvant obtenir du Gouvernement tunisien les intérêts des emprunts par lui contractés, réclamèrent l'appui de leur Gouvernement, et la France, l'Angleterre et l'Italie s'entendirent, en 1865, pour unifier la Dette à 125 millions et créer une Commission Internationale Financière chargée de surveiller l'emploi du produit des impôts et le paiement des arrérages de la Dette. Le 5 juillet 1869, le Bey Mohammed Es Sadock signait donc un décret instituant la Commission financière.

Il faut bien le dire, cette Commission internationale des finances du Bey était bien plus préoccupée d'assurer le paiement régulier des coupons de la Dette tunisienne que de sauvegarder les véritables intérêts de la Régence. En outre, cette Commission composée en majorité de délégués étrangers entravait l'exercice régulier de notre Protectorat, et nous créait par suite une situation intolérable.

Pour avoir en main la direction complète de tous les services de la Régence et pour qu'il n'y eût plus un seul obstacle d'ordre administratif, il fallait donc, à côté de l'abolition du régime des Capitulations, la suppression de la Commission financière. Relativement à la suppression de la Commission financière il s'agissait, pour l'Etat français, de garantir une opération de conversion ou d'emprunt que ferait le Bey pour la liquidation de toute sa dette. On signa donc la

CONVENTION DU 8 JUIN 1883 (1)

S. A. le Bey, prenant en considération la nécessité d'améliorer la situation intérieure de la Tunisie dans les conditions prévues par le traité du 12 mai 1881, et le Gouvernement de la République Française ayant à cœur

(1) La loi approuvant cette convention a été promulguée le 11 avril 1884. La Chambre des députés et le Sénat avaient adopté le projet de loi dans les séances des 3 avril et 8 avril 1884.

de répondre à ce désir et de consolider ainsi les relations d'amitié heureusement existantes entre les deux pays, ont conclu à cet effet une convention spéciale dont voici le texte :

Art. 1. — Afin de faciliter au Gouvernement français l'accomplissement de son Protectorat, S. A. le Bey de Tunis s'engage à procéder aux réformes administratives, judiciaires et financières que le Gouvernement français jugera utiles.

Art. 2. — Le Gouvernement français garantira, à l'époque et sous les conditions qui lui paraîtront les meilleures, un emprunt à émettre par S. A. le Bey pour la conversion ou le remboursement de la Dette consolidée s'élevant à la somme de 125 millions de francs, et de la Dette flottante jusqu'à concurrence d'un maximum de 17.550.000 francs.

S. A. le Bey s'interdit de contracter, à l'avenir, aucun emprunt pour le compte de la Régence sans l'autorisation du Gouvernement français.

Art. 3. — Sur les revenus de la Régence, S. A. le Bey prélèvera : 1° les sommes nécessaires pour assurer le service de l'emprunt garanti par la France ; 2° la somme de 2 millions de piastres (1.200.000 fr.), montant de la Liste civile, le surplus des revenus devant être affecté aux dépenses d'administration de la Régence et au remboursement des charges du Protectorat.

Art. 4. — Le présent arrangement confirme et complète en tant que de besoin le traité du 12 mai 1881. Il ne modifiera pas les dispositions précédemment intervenues pour le règlement des contributions de guerre.

Le 27 mai 1884, le Bey publiait le décret suivant :

Art. 1. — La négociation d'un emprunt 4 0/0 dont le produit net ne pourra excéder la somme de

142.550.000 francs est autorisée dans le but d'assurer la conversion ou le remboursement de la Dette consolidée et de la Dette flottante, conformément à l'art. 2 de la Convention conclue avec le Gouvernement français.

Les opérations de l'emprunt pour la conversion de la Dette une fois terminées, et l'opération de remboursement se poursuivant régulièrement et étant complètement assurée, dans cette situation, les garanties accordées aux créanciers de cette Dette n'avaient plus raison d'être, de même que les institutions qui avaient été créées pour en assurer l'exécution. L'Italie et l'Angleterre ayant accepté la garantie de la France qui leur offrait toute sécurité, la suppression de la Commission financière ne pouvait plus présenter aucune difficulté, à quelque point de vue qu'on se plaçât. La Commission internationale financière et le Conseil d'Administration des Revenus concédés étaient supprimés par décret du 2 octobre 1884; avec eux disparaissait le dernier obstacle à l'établissement de notre Protectorat sur la Régence.

Depuis le 13 octobre 1884, premier jour de l'année musulmane, la nouvelle organisation financière, sous la direction intelligente de hauts fonctionnaires français, a commencé à fonctionner.

Recettes.

Les sources de revenus de l'Etat peuvent être ramenées à trois grandes classes, savoir : les *impôts directs*, les *impôts indirects* et les *revenus divers*.

1° Les *impôts directs* sont : la Medjba, le Kanoun des oliviers et dattiers, les dîmes sur les oliviers, l'achour payable en nature, l'achour payable en argent, les mradjas, les monopoles et marchés affermés, les marchés non affermés, les mahsoulats et khodors.

2° Les *impôts indirects* consistent en : Droits à l'exportation, droits à l'importation et droits assimilés, droits sur les vins et spiritueux, timbre, karroube sur la vente et sur les loyers des immeubles.

3° Les *impôts divers* sont ceux des domaines, forêts, droits et taxes divers, contribution de l'Administration des Habous.

Medjba. — Le plus impopulaire et le plus vexatoire des impôts, quoique étant celui qui rapporte le plus, est celui dont la perception est la plus difficile à faire. Cet impôt d'environ 30 francs (45 piastres) est appliqué à tous, sans distinction de condition ni d'âge.

Achour. — Tout laboureur doit payer par

charrue deux mesures et demie de blé, deux mesures et demie d'orge, soit en nature, soit en argent, suivant le désir du Bey.

Kanoun. — Les oliviers en âge de produire sont partagés en trois classes, selon leur force, et taxés selon la classe où on les range. L'Etat perçoit de 15 à 20 carroubes par pied d'olivier; les dattiers acquittent un droit d'une piastre et deux carroubes, à l'exception de l'espèce dite *degla* qui paye deux piastres et demie.

Mradjas. — Dans certaines provinces (Ouatan-Kably et Sfax par exemple), on perçoit cet impôt sur les terrains arrosés soit par un canal, soit par une autre pièce d'eau, lequel impôt remplace l'*ourba*, c'est-à-dire le quart du produit.

Mashoulats. — On appelle ainsi les différents droits d'octroi d'une ville pour la consommation à l'intérieur de cette ville.

Khodors. — Droits d'octroi perçus dans l'île de Djerba.

Habous. — Biens de main-morte ne pouvant être aliénés que par voie d'échange et appartenant généralement à des confréries ou établissements religieux.

Budget.

Le premier budget méthodique de la Régence a été dressé pour l'exercice 1300 (courant du 13 octobre 1883 au 12 octobre 1884).

L'exercice pour les services à la charge du Trésor commence en effet le 13 octobre de chaque année pour finir le 12 octobre de l'année suivante.

Le budget des recettes est divisé en chapitres correspondants aux diverses sortes d'impôts; chaque chapitre en sections et chaque section en articles, selon la nature de l'impôt auquel il s'applique.

Le budget des dépenses est divisé en chapitres correspondants aux divers services publics : chaque chapitre en sections et chaque section en articles selon la nature des services auxquels il est affecté. Un chapitre spécial, affecté à aucun service, est ouvert pour les dépenses imprévues.

Dans le courant du mois de juin de chaque année, les différents Chefs des services publics préparent le budget de leur service respectif. Le Délégué à la Direction des Finances centralise ces budgets et y ajoute celui des recettes pour compléter le budget général de l'Etat. Ce budget est soumis aux délibérations des Ministres et des Chefs de services sous la Présidence du Ministre Résident Général de France, et soumis à l'approbation Beylicale.

Le règlement définitif des budgets est l'objet d'un décret particulier représentant les divisions par chapitre et par section, et, autant que possible, par article du budget général de l'Etat.

Au mois de juillet, le Délégué à la Direction des Finances présente au Bey un tableau des Recettes, portant par nature de recettes :

1° Les évaluations admises au budget ;

2° La fixation définitive de la somme à recouvrer ;

3° Les recouvrements effectués ;

4° Les restes à recouvrer ;

Et pour les dépenses, un tableau formé des comptes particuliers des divers Chefs de service et portant par service :

1° Les crédits ouverts ;

2° Les droits acquis aux créanciers de l'Etat ;

3° Les paiements effectués ;

4° Les dépenses restant à payer.

Ces tableaux, comme le budget, sont soumis au Conseil des Chefs de service présidé par le Résident de France, et sont présentés à l'approbation du Bey.

BUDGET DE LA RÉGENCE DE TUNIS

pour l'exercice 1302 (1884-1885)

RECETTES

CHAPITRE I. — Contributions directes

Section première.

I. — Medjba.

1.	Produit de la Medjba		5.000.000 P.

II. — Dîmes.

2.	Kanoun des oliviers et dattiers		2.330.000
3.	Dîmes sur les oliviers		100.000
4.	Achour payable en nature		600.000
5.	Achour payable en argent		325.000

III. — Mradjas.

6.	Produit des Mradjas		60.000

Section deuxième.

8.	Monopoles et Marchés affermés	4.345.000	4.777.000
	Marchés non affermés	432.000	

Section troisième.

9.	Produit des Mahsoulats		2.350.000
10.	Khodors		95.000
	A reporter		15.637.000 P.

Report....... 15.637.000 P.

CHAPITRE II. — Contributions indirectes

Section première.

Douanes, timbre et droits de mutations immobilières.

7.	Douanes	Droits à l'exportation..	3.000.000	4.675.000
		Droits à l'importation 3 %₀ et droits assimilés.	850.000	
		Vins et spiritueux......	250.000	
	Timbre....................		475.000	
	Karroube sur la vente et sur les loyers des immeubles.		100.000	

CHAPITRE III. — Produits divers

Section première.

11. Produit des domaines 200.000
12. Produit des forêts..................... 50.000

Section deuxième.

REVENUS EXTRAORDINAIRES

13. Droits et taxes divers, Revenus éventuels. 3.000.000
14. Contribution de l'administon des habous. 180.000

CHAPITRE IV. — Budget sur ressources spéciales

15. Versement de l'administration des Revenus Concédés (Coupons et fractions de coupons échus des obligations de la Dette 5 p. 0/0)............ Mémoire
16. Versement de l'administration des Revenus Concédés (Certificats de coupons antérieurs à 1870, sortis aux tirages, y compris le tirage de septembre 1884). Mémoire

A reporter....... 23.742.000 P.

Report......	23.742.000 P.
17. Produit des recettes de douane d'importation 5 p. 0/0 (Certificats de coupons antérieurs à 1870, non convertis : tirage des mois de mars et septembre 1885)	Mémoire
18. Versements des souscripteurs de l'emprunt de 1884 (obligations non converties de la dette 5 p. 0/0....	Mémoire
19. Versements des souscripteurs de l'emprunt de 1884 (Fractions non converties de coupons postérieurs à 1870, N°s 17, 18, 19, 22 et 23)...	Mémoire

CHAPITRE V. — COMPTE DE LIQUIDATION DE L'EMPRUNT 1884

20. Sommes versées par les souscripteurs de l'emprunt et destinées à des objets spéciaux	Mémoire

CHAPITRE VI. — COMPTE DE LIQUIDATION DE L'ADMINISTRATION DES REVENUS CONCÉDÉS

21. Versements effectués par la caisse du Conseil......................	Mémoire
Total.......	23.742.000 P.

DÉPENSES

CHAPITRE I. — MINISTÈRE DES FINANCES

1. Dotation de S. A. le Bey......	1.500.000 P. c.
2. Dotation des princes et princesses de la famille husseinite.	1.075.000
A reporter.......	2.575.000 P.

	Report......	2.575.000 P.	c.
3.	Personnel et services des palais.	193.400	
4.	Décorations tunisiennes.......	44.060	55
5.	Pensions civiles et militaires..	274.855	50
6.	Direction des Finances et Régies Financières...........	1.702.916	27
7.	Cour des comptes.............	16.800	
8.	Hôtel de la Monnaie.....	20.000	
9.	Administration de la forêt des oliviers de Tunis..........	46.220	
10.	Frais du service des télégraphes à la charge du Gouvernement Tunisien	32.000	
11.	Remboursement au Trésor Français des frais de médicaments fournis à des indigènes nécessiteux.........	5.350	
12.	Rente 4 p. % (6.307.520) fr....	10.512.534	
13.	Commission allouée pour le paiement en France des coupons.	31.250	
	Total du Chapitre Ier.....	15.454.386 P.	32

CHAPITRE II. — Administration Centrale

1.	Traitements du premier Ministre, du Ministre de la Plume et du Personnel de l'administration centrale.........	315.680	
2.	Matériel et frais de bureau.....	20.000	
3.	Frais divers d'administration générale.................	220.294	
4.	Enseignement public..........	200.426	
5.	Fonds de secours..............	80.000	
6.	Gendarmerie indigène.........	162.352	
	A reporter......	998.752 P.	

	Report......	998.752	P.
7.	Prisons......................	79.456	
8.	Conseil supérieur des comptes et du contentieux administratif....................	78.700	
9.	Indemnités à des fonctionnaires et établissements religieux.	147.468	
10.	Police de Tunis...............	385.817	
11.	Gouvernement et Police de La Goulette	69.458	
12.	Subventions aux communes...	1.000.000	
	Total du Chapitre II.....	2.759.651	

CHAPITRE III. — Ministère de la Guerre

Section 1. — Personnel.

1.	Solde et indemnités du personnel de l'administration centrale.....................	39.292	P.	c.
2.	Solde et indemnités des officiers sans troupe en activité et en disponibilité et des employés militaires...........	191.304		
3.	Solde des corps de troupe......	215.736		25

Section 2. — Matériel.

4.	Matériel de l'administration centrale.....................	10.000	
5.	Vivres.......................	161.836	
6.	Chauffage et éclairage.........	13.000	
7.	Fourrages....................	49.470	
8.	Service de santé...............	10.000	
9.	Transports et convois. — Indemnités de route.............	13.500	
	A reporter......	704.138	25

	Report......	704.138	25
10.	Habillement, Campement, équipement et objets mobiliers.	83.917	35
11.	Remonte et harnachement.....	7.441	20
12.	Armes et matériel de l'artillerie.	6.000	
13.	Casernement et fortification....	10.000	
14.	Recrutement..................	20.000	
15.	Instruction....................	800	

Section 3. — Pensions et Secours.

16.	Traitement des officiers licenciés	75.000	
17.	Secours à des invalides	15.983	50
18.	Secours à accorder à d'anciens militaires	3.000	
	Total du Chapitre III.....	926.280 P.	30

CHAPITRE IV. — Direction générale des Travaux Publics

Section 1. — Direction générale.

1.	Personnel....................	72.400
2.	Frais généraux, matériel et dépenses diverses de la Direction générale..............	81.000
3.	Frais d'études et de missions diverses..................	50.000

Section 2. — Ponts-et-chaussées.

4.	Personnel....................	262.750
5.	Routes et Ponts..............	1.741.900
6.	Chemins de fer...............	34.000
7.	Ports maritimes, phares, fanaux.	1.080.000
8.	Palais nationaux.............	73.000
9.	Bâtiments civils.............	100.000
	A reporter......	3.495.050 P.

Report	3.495.050 P.
10. Bâtiments domaniaux	36.500
11. Travaux des villes non érigées en communes	150.000

Section 3. — Mines.

12. Personnel	44.600
13. Matériel	48.000

Section 4. — Police des Ports de commerce.

14. Personnel	54.700
15. Matériel	23.600

Section 5. — Forêts.

16. Personnel	84.000
17. Régénération, démasclages et tranchées de protection, repeuplement et reboisement.	180.000
18. Routes, Ponts, travaux divers.	106.900
Total du Chapitre IV	4.223.350

CHAPITRE V

Unique. Dépenses imprévues	300.000

CHAPITRE VI

Unique. Dépenses des exercices clos	Mémoire

CHAPITRE VII. — Dépenses sur ressources spéciales

1. Coupons et fractions de coupons échus des obligations de la dette 5 p. %	Mémoire
2. Certificats de coupons antérieurs à 1870, sortis aux tirages, y compris le tirage de sept. 1884	Mémoire

3. Certificats de coupons antérieurs à 1870, non convertis (Tirages des mois de mars et de septembre 1885)...........	Mémoire
4. Obligations non converties de l'ancienne dette 5 p. %....	Mémoire
5. Fractions non converties de coupons postérieurs à 1870, Nos 17, 18, 19, 22 et 23......	Mémoire
Total du Chapitre VII...	Mémoire

CHAPITRE VIII. — COMPTE DE LIQUIDATION DE L'EMPRUNT 1884

Unique. Sommes dont l'emploi a été autorisé sur le montant des versements des souscripteurs de l'emprunt........	Mémoire

CHAPITRE IX. — COMPTE DE LIQUIDATION DE L'ADMINISTRATION DES REVENUS CONCÉDÉS

Unique. Sommes employées............	Mémoire

RÉCAPITULATION

Chapitre I........................	15.454.386 P.	32
Chapitre II........................	2.759.651	
Chapitre III........................	926.280	30
Chapitre IV........................	4.223.350	
Chapitre V........................	300.000	
Chapitre VI........................	Mémoire	
Chapitre VII........................	Mémoire	
Chapitre VIII........................	Mémoire	
Chapitre IX........................	Mémoire	
Total général.....	23.663.667 P.	62

La Direction des Finances publie chaque mois le tableau des encaissements effectués depuis le commencement de l'exercice en cours. Ces tableaux, comprenant les évaluations budgétaires et les encaissements effectués sont des plus intéressants à consulter. Le tableau ci-dessous, qui est la comparaison sommaire des encaissements avec les évaluations budgétaires, montre que l'année tunisienne 1883-1884 avait été satisfaisante, puisqu'elle se chiffrait par une plus-value de 181.312 p. 30.

DÉSIGNATION DES REVENUS	ÉVALUATIONS BUDGÉTAIres	ENCAISSEMENTS EFFECTUÉS	PLUS-VALUES	MOINS-VALUES
	piastres.	piastres.	piastres.	piastres.
1 Produit de la Medjba......	5.085.118	5.151.993.15	66.875.15	»
2 Kanoun des oliviers et dattiers....................	904.712	921.221.41	16.509.41	»
3 Dîme sur les oliviers......	334.615	416.596.93	81.981.93	»
4 Achour payable en nature.	1.306.867	593.936.06	»	707.930.94
5 — en argent.	363.726	435.476.72	71.750.72	»
6 Produit de Mradjas.......	61.691	61.272.54	»	418.46
7 Fermes et Mahsoulats....	1.218.472	1.687.635.91	469.163.91	»
8 Khodors.................	95.819	111.242.97	15.423.97	»
9 Produits des domaines....	191.491	189.142.09	»	5.348.91
10 — forêts........	100.000	35.451.09	»	64.548.91
11 Droits et taxes divers, revenus éventuels.........	282.990	766.094.43	483.104.43	»
12 Contribution de l'administration des Habous......	180.000	24.750.00	»	155.250.00
TOTAUX...........	10.218.501	10.399.813.30	1.204.809.52	1.023.497.22
AUGMENTATION........................			181.312.30	

L'exercice 1884-1885 se soldera par une plus-value bien plus considérable.

Les encaissements effectués *du 13 octobre au 12 avril* accusent une plus-value de 5.288.385 p. 30.

Du *13 octobre 1884 au 12 juin 1885* la plus-value s'élève à 7.242.550 p. 55. (4.350.000 fr.)

Enfin, les recouvrements opérés jusqu'au 12 juillet 1885 ont aussi été supérieurs aux prévisions budgétaires. *Il est donc permis de compter pour l'exercice entier (qui sera clôturé le 12 octobre 1885) sur* UNE PLUS-VALUE DE CINQ MILLIONS QUATRE CENT MILLE FRANCS ENVIRON.

Ces chiffres ont leur éloquence et nous dispensent de tout commentaire.

Jusqu'à 1882, le budget était généralement de 11 millions de francs et se soldait régulièrement par un déficit de plus d'un million. Or le budget 1883-1884 a été définitivement réglé comme suit, par décret du 11 juillet 1885 :

Budget des recettes . . .	10.260.673 p. 30
Budget des dépenses. . ..	8.108.809 p. 44
Différence.	2.151.863 p. 86

laquelle somme de 2.151.863 p. 86 a été portée en recettes au budget 1302 (1884-1885).

Quant au budget 1884-1885, il est inutile d'en parler, les chiffres cités plus haut sont assez significatifs.

Le projet de budget pour l'exercice 1885-1886 vient d'être établi pour être soumis au Gouvernement français : ce budget s'élèvera à 20.000.000 de francs.

Ainsi donc, en quatre années, les ressources ont doublé malgré les dégrèvements importants qui ont été opérés. On peut l'affirmer, sans crainte d'être démenti par qui que ce soit, aucun état de l'Europe n'a de finances plus claires et de ressources plus assurées que celles de la Tunisie.

Direction Générale des Finances.

Le *Directeur Général des Finances,* qui perçoit tous les revenus de la Régence, a sous son autorité un Directeur des Contributions diverses et un Directeur des douanes. La Direction Générale a été confiée à M. De Pienne, vice-président de l'ancienne Commission Financière.

Le Directeur des Finances est nommé par le Bey sur la présentation du Ministre Résident Général de France. Sont nommés par décrets, sur la présentation du Directeur des Finances : le sous-directeur des Finances, les Directeurs des Contributions diverses et des douanes, les chefs de division et de bureau de la Direction des Finances, les Inspecteurs de la Direction des

Finances, le Receveur principal des Contributions diverses, le Receveur principal des douanes, l'Administrateur des Domaines, le Directeur de la Ghaba, le Directeur de la Monnaie, le Directeur de la Kabta.

Sont nommés par arrêtés du Directeur des Finances, les employés de la Direction des Finances, des Domaines, de la Ghaba, de la Monnaie, de la Kabta, dont le traitement est de 3.000 piastres ou supérieur à ce chiffre, les notaires attachés aux services financiers.

La Direction des Contributions diverses régit, au nom du Directeur des Finances, les monopoles et privilèges de l'Etat, tels que ceux relatifs à la culture, à la fabrication et à la vente du tabac, à l'extraction, à la fabrication et à la vente du sel, à la fabrication et à la vente du plâtre, à la vente des poudres de mines et de chasse. Cette Direction perçoit aussi les droits de timbre, les impôts sur les ventes d'immeubles, les redevances pour concessions de mines, tous les droits de Poids Publics, etc., etc.

La Direction des douanes a dans ses attributions la régie et la perception des impôts se rattachant aux douanes, tels que : droits de douane à l'importation et à l'exportation, droits sur les vins et spiritueux, droits sanitaires, etc. Cette Direction a été confiée à un ancien fonctionnaire des douanes de l'Algérie, M. Charles Leroy.

Par décret du Président de la République française en date du 4 octobre 1884, un *corps de Contrôleurs civils français* a été institué à Tunis. Ces fonctionnaires sont nommés par décret du Président de la République sur la proposition du Ministre des Affaires Etrangères, et relèvent du Résident Général de France à Tunis.

Les considérants de ce décret portent « que l'article 1er de la Convention franco-tunisienne du 8 juin 1883 donne au Gouvernement français la faculté de provoquer dans la Régence les réformes administratives nécessaires pour la bonne organisation du pays, et que le fonctionnement de notre Protectorat comportant, d'une part, le maintien d'une Administration indigène, d'autre part, l'exercice, par l'autorité française, d'un contrôle permanent sur les actes de cette administration, il y a lieu d'organiser d'une manière régulière le service du contrôle. »

Les principaux *Etablissements de Crédit* en Tunisie sont : la Banque Transatlantique (au capital de 50 millions), la Société Franco-Africaine, la Cie Algérienne et la Banque de Tunisie.

VII

ARMÉE

En 1881, l'armée tunisienne était divisée en deux parties distinctes :

L'armée régulière comprenait 4.000 hommes d'infanterie en 7 régiments, et 600 hommes d'artillerie en 4 bataillons.

L'armée irrégulière comprenait de l'infanterie et de la cavalerie. L'infanterie se composait de zouaouas, koulouglis, zaptiès. Une partie seulement des zouaouas étaient casernés, les autres, logés en ville ou à la campagne, exerçaient des professions diverses. Leur armement consistait en un fusil (fusil de chasse, fusil à pierre ou à piston), un poignard et un pistolet de cavalerie. Les koulouglis et zaptiès remplissaient le service de police et de gendarmerie.

La marine se réduisait à bien peu de chose : 20 petits bâtiments, 2 petits steamers armés,

1 aviso de 500 tonneaux (avec 8 canons), et 1 transport de 400 tonneaux (avec 2 canons). 2 cuirassés étaient en construction en France.

L'armée tunisienne a été créée par le Bey Sidi Ahmed, sur les conseils de M. Thiers, affirment certains, et organisée par des officiers français envoyés en mission auprès du Bey. Le Bey du camp était le chef de l'armée.

L'armée tunisienne a été supprimée officiellement vers la fin de l'année 1883 et remplacée par une *Garde Beylicale*. Cette troupe ne se compose plus que de quelques bataillons d'infanterie, d'un peloton de cavalerie et d'une section d'artillerie, soit 500 hommes environ. Elle est commandée par des officiers tunisiens et dirigée administrativement par un chef de bataillon, un capitaine et un officier d'administration. (Tous trois français).

Nous donnerons, à titre de curiosité, quelques détails sur l'uniforme tunisien.

La tunique, pour l'infanterie, est en drap bleu foncé, à jupe plissée. Elle se ferme sur la poitrine au moyen de neuf gros boutons dorés, estampés d'une étoile et d'un croissant ; deux boutons semblables sont placés derrière sur la couture de la taille. Les parements sont en pointe, en drap du fond, ornés sur la couture du dessous de la manche de deux petits boutons d'uniforme. Le collet est en drap du fond légèrement arrondi sur le devant, et est orné de deux écussons en accolade, en drap garance, sur lesquels sont brodés les insignes du grade. Les épaules sont garnies de deux attaches brodées en or et de deux petits boutons d'uniforme.

La tunique pour la cavalerie et l'artillerie ne diffère de celle de l'infanterie que par un peu de changement dans la couleur du collet et des parements.

Le pantalon est, pour l'infanterie et la cavalerie, en drap garance, de forme droite. Chaque couture latérale externe est ornée d'une petite bande de drap bleu foncé. Pour l'artillerie, le pantalon en drap bleu avec galons et passe-poil écarlate, est identique au pantalon de nos artilleurs français.

La coiffure est restée orientale, cependant, le turban a été remplacé par la *chechia* en feutre rouge, élevée et garnie d'un flot bleu en soie. Elle est ornée, sur le devant, d'une plaque en cuivre doré représentant les armes beylicales. Pour l'infanterie le n° de la compagnie est découpé sur le bas de cette plaque ; pour l'artillerie c'est le n° de la section.

Les généraux et aides de camp du Bey portent la tunique d'infanterie, sur le collet de laquelle sont brodées les insignes du grade. Le pantalon garance est à double bande noire, le ceinturon du sabre est en galon d'or et soie bleue.

Nous avons en Tunisie une *Division d'occupation* commandée naturellement par un général français, lequel est aussi ministre de la guerre du gouvernement Tunisien.

La division d'occupation comprend : 4 bataillons de zouaves, 2 bataillons de chasseurs, 6 bataillons de ligne, 1 compagnie de disciplinaires et 12 compagnies mixtes franco-indigènes. Soit, au total, 63 compagnies de 150 hommes.

Le gouvernement français a créé deux divisions militaires : la division du Nord, avec Tunis pour chef-lieu ; la division du Sud, chef-lieu Sousse. La division du Nord comporte trois subdivisions : Tunis, Kef, Aïn-Draham ; celle du Sud également trois subdivisions, Sousse, Gafsa et Gabès.

Divisions militaires.

CHEFS-LIEUX DE DIVISION	CHEFS-LIEUX DE SUBDIVISION	POSTES OCCUPÉS MILITAIREMENT
Division du *Nord*. Tunis.	Tunis.	Tunis. La Goulette. Hammam-Lif. Zaghouan. Mograne. Tébourba. Mateur. Bizerte.
	Le Kef.	Medjez el Bab. Oued-Zergua. Aïn-Tounga. Téboursouk. Fondouk Messaoudi. Le Kef. Ellez.
	Aïn-Draham.	Souk-el-Djemma. Aïn-Draham. Tabarque. Souk-el-Arba. Ghardimaou. Béja.
Division du *Sud*. Sousse.	Sousse.	Sousse. Oued-Laïa. Mahedia. El-Djem. Kérouan. Monastir.
	Gafsa.	Sidi-el-Hani. Djilma. Feriana. Tozeur. Gafsa.
	Gabès.	Gabès-Port. Ras-el-Oued. Djerba. El-Aïacha. Zarzis.

COMPAGNIES MIXTES. — Une loi du 31 décembre 1882 a décidé la création, en Tunisie, de 12 compagnies mixtes composées d'Européens et d'indigènes. Chaque compagnie comprend des troupes des trois armes : infanterie, cavalerie, artillerie.

L'administration de chaque compagnie mixte est conforme à celle des compagnies de fusiliers de discipline.

La composition de chaque compagnie a été arrêtée comme suit : 10 officiers, 68 fantassins français, 144 fantassins indigènes, 10 cavaliers français, 33 cavaliers indigènes, 44 artilleurs français, 10 chevaux d'officiers, 58 chevaux de troupe et 53 mulets.

Les militaires tunisiens incorporés dans les compagnies mixtes sont soumis pendant la durée de leur service à toutes les dispositions du code de justice militaire français.

En arrivant en Tunisie, nous nous sommes trouvés en présence d'une loi de recrutement promulguée sous le bey Ahmed, et qui contenait en principe le service obligatoire avec la faculté du remplacement. On a cherché à profier de cette loi, et depuis 1883 le contingent tunisien est incorporé dans les compagnies mixtes et dans la Garde beylicale. Les opérations du recrutement se font à peu près comme en France, ces opérations rentrant dans les attributions des Bureaux de renseignement. Il y a tirage au sort, Commission de révision où l'élément militaire et l'élément civil sont représentés, etc. Une partie des jeunes gens ayant atteint l'âge de vingt et un ans est incorporée pour deux ans ; le reste n'est pas appelé. Il y a certaines lacunes, quelques passe-droits ridicules, des exemptions injustes dont il faut parler. Ainsi par exemple, les gens de certaines tribus, de certaines villes (Tunis est du nombre) sont exempts du service militaire ; dans les tribus ou villes qui ne jouissent pas de ce privilège, il suffit à l'appelé de produire un certificat de *Taleb* (dont nous avons parlé au chapitre V) pour obtenir l'exemption du service ! On se plaint beaucoup, dans les compagnies mixtes, de cette faveur faite aux lettrés. Elle est cause que ces corps ne trouvent pas d'éléments assez intelligents pour recruter leurs caporaux et sous-officiers indigènes. Evidemment, il y a là des modifications à apporter, tout cela se fera avec le temps. Le plus important, pour le moment, est de faire entrer dans l'esprit des populations l'idée du service obligatoire.

Des renseignements pris à une source certaine nous permettent d'affirmer que les officiers des compagnies mixtes sont très contents de leurs hommes ; ils les trouvent très dociles, et assez vigoureux pour des jeunes gens de vingt et un à vingt-deux ans. Les compagnies mixtes pourront, à un moment donné, nous rendre de grands services en Tunisie.

Gendarmerie. — Lors du vote du budget, la Chambre des députés et le Sénat ayant supprimé le bataillon de gendarmerie mobile qui fonctionnait en Tunisie, le ministre de la guerre a saisi l'occasion pour organiser un détachement autonome, ayant le caractère sédentaire de la gendarmerie départementale proprement dite. Cette création était nécessaire, le détachement de la gendarmerie mobile ne pouvant plus, par suite de l'introduction de la juridiction française en Tunisie, assurer facilement le service des tribunaux civils et militaires à la disposition desquels il avait été spécialement mis dans ces derniers temps pour les translations de prisonniers, arrestations, exécution des mandats d'arrêts et perquisitions.

Le détachement de gendarmerie est actuellement composé de 108 hommes, soit : 9 brigades à cheval et 9 brigades à pied, 2 officiers (1 à Tunis et 1 à Sousse), 7 sous-officiers, 12 brigadiers, 72 gendarmes français et 16 indigènes.

VIII

COMMERCE. — INDUSTRIE

I. — Commerce.

L'exportation des produits de la Tunisie comprend principalement : les céréales, l'huile, la laine, les fruits secs, les cuirs et les peaux, l'alfa, les légumes, les éponges, le bétail, etc.

Les importations consistent en tissus, soie grège, épices et drogueries, mercerie, quincaillerie, fer, denrées coloniales, vins, eaux-de-vie. Les tissus forment l'article le plus important. La France fournit les vins, les draps et les tissus de soie ; l'Italie, les meubles et les charbons ; la Suède, les bois de construction ; l'Angleterre, les toiles, et principalement la houille.

Les bureaux des frontières de terre ouverts au commerce sont : Bebouch, Bordj-Hammam, Ghardinaou, Sakiet Sidi Youssef, Ouled bou Ghanem, Haïdra, El Sira, Gafsa, Oudiana, Tozer, Nefta et Hamma.

Les ports ouverts aux opérations du commerce sont : Tabarka, Bizerte, Tunis, La Goulette, Galippia, Hammamet, Sousse, Monastir, Mehdia, Sfax, Gabès, Zarzis, et les 4 ports de Djerba (Houmt Souk, Aghim, Aghir, El Kantura), mais la plus grande partie du transit se fait par La Goulette à destination principalement d'Italie, de France, d'Angleterre, de la Tripolitaine, de la Turquie et de l'Egypte.

Par le tableau qui suit, on pourra se faire une idée de l'importance et du mouvement de la navigation en Tunisie.

NATIONALITÉ DES NAVIRES	1880		1881		1882	
	NOMBRE	TONNAGE	NOMBRE	TONNAGE	NOMBRE	TONNAGE
Français..........	523	219.781	1.389	574.582	1.303	1.006.060
Italiens............	999	190.083	1.328	314.224	1.546	398.580
Anglais...........	215	78.000	199	58.115	168	42.898
Tunisiens.........	138	6.666	578	9.623	502	7.850
Autrichiens.......	13	1.320	19	2.522	24	6.006
Norwégiens.......	3	1.396	4	1.597	10	4.015
Belges............	»	»	2	2.145	3	3.305
Grecs.............	15	1.732	10	9.445	33	3.081
Hollandais........	»	»	1	627	3	1.909
Ottomans..........	47	1.958	42	1.343	35	1.798
Allemands.........	5	3.686	»	»	3	1.516
Monténégrins......	»	»	»	»	7	838
Suédois...........	»	»	2	469	2	568
Espagnols.........	»	»	7	969	2	110
Egyptiens.........	1	238	»	»	»	»
Russes............	2	455	1	545	»	»
Total.....	1.961	505.315	3.612	976.206	3.641	1.478.540

Ainsi que ce tableau l'indique, la France et l'Italie sont les deux nations qui tiennent le premier rang.

Relativement à l'Italie, il y a lieu de constater, dans les rapports commerciaux *entre la Tunisie et la ville de Palerme seulement*, que les importations de la Tunisie pour cette ville qui se chiffraient en 1882 par 15.551 francs, ont atteint, en 1883, 127.203 francs, soit donc une augmentation de 111.692 fr. Voici les chiffres les plus importants : Son : 451.603 kilog., valeur 45.160 fr.; — fromages, 23.936 kil., valeur 27.872 fr.; — huile d'olives, 15.458 kil., valeur 27.551 fr.; — couleurs pour teintures, 11.400 kil., valeur 5.700 fr.; — semences diverses, 5.205 kil., valeur 5.205 fr.; — dattes, 3.864 kil., valeur 5.300 fr. — Les importations de Palerme pour la Tunisie qui étaient, en 1882, de 214.346 francs, n'ont plus été, en 1883, que de 82.610 fr., soit une moins-value de 131.736 fr. Cette diminution s'applique surtout aux vins qui perdent 31.544 fr.; en objets confectionnés, 10.344 fr., et en véhicules pour chemins de fer, 39.823 fr.

Heureusement, en ce qui nous concerne, nous n'avons pas d'aussi mauvais résultats à enregistrer, bien loin de là.

En effet, en 1884 (1), *les exportations de France*

(1) Commerce spécial.

pour la Tunisie ont été de. . Fr. 13.634.281
Les importations de la Tunisie en
France, de. . . . . . . Fr. 9.959.289
Différence. . . 3.674.992

Sans doute, ce résultat n'était pas important, mais il était fait pour nous donner satisfaction pour le moment, et espoir pour l'avenir.

Le *Journal Officiel* a publié le tableau du mouvement commercial de la France avec la Tunisie pendant les onze premiers mois de 1885 (1).

Nous y puisons les renseignements suivants :

Les exportations de France pour
la Tunisie sont de 14.571.717
Les importations de la Tunisie en
France, de. 9.171.769
Différence. . . 5.399.948

Ces chiffres sont éloquents et répondent suffisamment à ceux qui prétendaient que notre commerce et notre industrie ne gagneraient rien à notre installation en Tunisie.

Un autre document : Le Gouvernement Tunisien a récemment publié la statistique des douanes tunisiennes pendant les dix dernières années. L'importation et l'exportation ont fourni une moyenne de droits annuels, avant le protectorat, de 3.906.229 piastres, et depuis le protectorat, de 7.005.980 piastres. La valeur moyenne

1) Commerce spécial.

des marchandises a été, avant le protectorat, de 40.404.149 piastres; depuis le protectorat, de 75.135.715 piastres. Le commerce tunisien a donc à peu près doublé depuis le protectorat. Cette augmentation profite presque exclusivement à la France. Le total des importations a été, en 1885, de 42.903.780 piastres; la France a importé directement par les ports tunisiens pour 23.122.266 piastres. Ce chiffre ne comprend pas les importations effectuées par la voie de l'Algérie, qui sont évaluées à plus de 2 millions de piastres. Les importations françaises en Tunisie représentent donc environ 60 °/₀ des importations totales.

Il n'est pas non plus inutile de citer le rapport d'un homme dont le nom fait autorité en matière de questions africaines, M. R. L. Playfair, consul général d'Angleterre à Alger. Dans ce rapport adressé à son Gouvernement en 1885 et qui, par conséquent, doit être en tous points scrupuleusement exact, M. Playfair examine l'état des finances tunisiennes avant et depuis le protectorat, constate les sages économies qui ont été réalisées dans l'administration, l'augmentation des revenus des douanes, bien que les impôts soient moins élevés que sous l'administration du Bey.

Une preuve encore d'accroissement et d'activité commerciale en Tunisie, c'est la statistique des recettes postales et télégraphiques pour ces dernières années (1).

POSTES

CIRCULATION DES LETTRES DE TOUTE NATURE ET PRODUITS RÉALISÉS	EXERCICES 1882	1883	1884
Nombre de lettres ordinaires déposées dans les bureaux tunisiens, à destination de la France, de la Tunisie et de l'Algérie (a)..........	425.186	459.923	460.069
Nombre des lettres chargées et recommandées déposées dans les bureaux tunisiens, à destination de la France, de la Tunisie et de l'Algérie (a)........................	11.497	15.380	16.180
Nombre des lettres ordinaires expédiées par les bureaux tunisiens, à destination des pays étrangers....	18.061	25.234	25.322
Nombre des lettres ordinaires reçues, par les bureaux tunisiens, des pays étrangers....................	10.899	17.059	17.068
Nombre des lettres chargées et recommandées, expédiées par les bureaux tunisiens, à destination des pays étrangers....................	21.164	4.025	4.908
Nombre des lettres chargées et recommandées, reçues par les bureaux tunisiens des pays étrangers	684	2.744	2.866
	F. C.	F. C.	F. C.
Montant des recettes effectuées...	99.276 59	124.082 77	124.137 23

OBSERVATIONS

(a) Dans les statistiques générales que l'Administration fait exécuter chaque année pour se rendre compte du mouvement des correspondances circulant à l'intérieur, il est exclusivement gardé note du nombre des objets, de toutes catégories, déposés dans les boîtes ou aux guichets des bureaux : les objets que ces bureaux reçoivent, et dont ils assurent la distribution, ne sont pas soumis au comptage.

(1) Nous devons cette statistique à l'obligeance de M. Sarrien,

TÉLÉGRAPHES

1879

Nombre de télégrammes	privés	expédiés	78.243	
—	—	—	reçus...	79.229	
—	—	officiels	expédiés	6.255	
—	—	—	reçus...	5.801	
		Total...........		169.528	
Recettes effectuées................................					119.927 f. 63 c.

1880

Nombre de télégrammes		privés	expédiés	95.201	
—	—	—	reçus...	96.742	
—	—	officiels	expédiés	5.598	
—	—	—	reçus...	5.142	
		Total...........		202.683	
Recettes effectuées................................					132.023 f. 48 c.

1881

Nombre de télégrammes		privés	expédiés	109.160	
—	—	—	reçus...	101.095	
—	—	officiels	expédiés	13.918	
—	—	—	reçus...	13.250	
		Total...........		237.423	
Recettes effectuées................................					248.929 f. 19 c.

1882

Nombre de télégrammes		privés	expédiés	179.360	
—	—	—	reçus...	170.644	
—	—	officiels	expédiés	29.743	
—	—	—	reçus...	(a)	
		Total...........		379.747	
Recettes effectuées................................					299.671 f. 69 c.

alors Ministre des Postes et des Télégraphes, qui a bien voulu nous communiquer directement les renseignements que nous lui avions demandés.

....

TÉLÉGRAPHES (SUITE)

1883

Nombre de télégrammes privés	expédiés	223.128		
— — —	reçus...	215.709		
— — officiels	expédiés	29.533		
— — —	reçus...	(a)		
	Total...........	468.370		
Recettes effectuées			....	347.400 f. 32 c.

1884

Nombre de télégrammes privés	expédiés	218.192		
— — —	reçus...	213.214		
— — officiels	expédiés	24.560		
— — —	reçus...	(a)		
	Total...........	455.966		
Recettes effectuées			....	326.459 f. 71 c.

OBSERVATIONS

(a) Il n'existe aucun document permettant d'indiquer le nombre des télégrammes officiels reçus pendant les années 1882, 1883 et 1884.

Le Gouvernement tunisien, soucieux de favoriser davantage encore le commerce et l'agriculture du pays, a opéré de nouveaux dégrèvements rendus possibles, du reste, par la situation actuelle des finances.

Cinq décrets du 25 juin 1885, rendus exécutoires le 25 juillet, suppriment à partir du 13 octobre 1885 :

1° Les droits d'exportation sur les alizzan, ayaknou, cailles et menu gibier, coton, guemmar, gheummem, gueutess, indigo, lièvres, œufs, oies et canards, pigeons, perdrix, poules, poulets et coqs, sangsues, sang, souek, ouvrages en alfa, en joncs et en feuilles de palmier ;

2° Les droits d'exportation sur les bourghol (blé concassé), farines, semoules, mohammès (gros couscous) et couscoussou ;

3° Les droits perçus sur le montant des versements effectués par les expéditeurs en garantie des opérations de cabotage.

4° Le droit de 3 p. °/₀ *ad valorem* perçu sur les marchandises indigènes à leur importation par mer dans un port de la Régence et la taxe égale perçue à Sfax, indépendamment des droits ordinaires, lors de l'exportation de certaines marchandises pour l'étranger ;

5° Les droits de Kataïa (droits de colis) perçus à l'exportation pour l'étranger ou pour un autre port de la Régence, et la taxe de 18 centièmes de piastre par quintal tunisien perçue par le service de la douane à Tunis et à La Goulette pour droit de péage sur les marchandises destinées à l'exportation (1).

(1) Voir aux annexes (page 141) le tarif des droits d'importation et d'exportation.

Antérieurement au 25 juin 1885, les droits d'exportation sur le blé, l'orge et les légumes avaient été supprimés ; le droit d'exportation sur les huiles provisoirement réduit à 10 piastres, maintenu à titre définitif, les droits de douane frappant au moment de leur entrée par terre dans les villes de la Régence les produits naturels du pays ou fabriqués dans le pays avaient été également supprimés (1).

TRIBUNAL DE COMMERCE. — Depuis le 12 mars 1884, date du décret, un Tribunal de Commerce a été institué. Aux termes de ce décret, *l'Amin* du Commerce et les 10 assesseurs qui lui sont adjoints sont tenus de statuer sur toutes les questions commerciales qui leur sont soumises. Toute affaire litigieuse entre commerçants est portée devant l'Amin qui la juge avec les assesseurs. La présence de 8 assesseurs au moins est nécessaire pour la validité du jugement qui doit être rendu à la majorité des voix. En cas de partage, la voix de l'Amin est prépondérante. L'Amin en réfère, pour l'exécution du jugement, en cas de difficultés, au Ministère, en lui soumettant une expédition authentique du jugement.

CHAMBRE DE COMMERCE. — D'autre part, le

(1) Décrets du 3 octobre 1884.

Ministre Résident Général, considérant qu'il importait de donner aux intérêts commerciaux, industriels et agricoles en Tunisie une représentation analogue à celle constituée en France, a, par arrêté du 23 juin 1885, institué une Chambre de Commerce Française. Les membres de cette Chambre de Commerce sont nommés dans une assemblée d'électeurs pris parmi les commerçants français recommandables par leur probité, esprit d'ordre et d'économie.

II. — Industrie.

Il y a bien peu de chose à dire de l'industrie tunisienne, car elle est actuellement fort limitée. Il faut néanmoins citer les tapis fabriqués à Kairouan, les tissus si renommés de Djerid et les belles étoffes de l'île de Djerbah, les cotonnades de Sfax et les draps de Tebourba, les savons de Monastir et de Sousse, les éponges et les poulpes de Karkennah, Sfax et Djerbah, l'huile de Teboursouf, les meules arabes de Ferriane, les jarres à l'huile de l'île de Djerbah, les poteries de Nebel, etc.

—

C'est avec raison que M. Paul Cambon, Ministre Résident Général de France, dans un rapport adressé au Bey de Tunis, il y a peu de temps, s'exprimait en ces termes :

« ... Votre Gouvernement peut choisir libre-
« ment la voie que suivra désormais sa politique
« économique ; sa décision influera singulière-
« ment sur les destinées du pays. Il s'est arrêté
« à une politique de dégrèvements que lui con-
« seillaient à la fois l'intérêt du Trésor et celui de
« l'agriculture et du commerce. Le fardeau d'im-
« pôts qu'ils supportent ainsi allégé, ils pour-
« ront voir renaître cette antique prospérité qui
« n'était plus pour la Tunisie qu'un lointain sou-
« venir. Votre Altesse s'est empressée d'adopter
« cette politique. »

« La Tunisie s'avance régulièrement dans la
« voie du progrès et de la civilisation où elle est
« entrée récemment sous l'égide de la France. »

« Le Gouvernement de Votre Altesse saura,
« avec l'aide de Dieu, l'y maintenir ; la prospérité
« du pays sera la récompense de ses efforts et
« le prix de sa persévérance. »

IX

TRAVAUX PUBLICS

Le service des Travaux Publics de la Régence est divisé en service des ponts et chaussées et service des mines.

Le *service des Ponts et Chaussées* comprend : routes et ponts, chemins de fer, ports maritimes, phares et fanaux, aménagements d'eaux, palais nationaux et bâtiments civils. Ce service est confié à deux ingénieurs des ponts et chaussées assistés d'architectes, de conducteurs des ponts et chaussées, et d'agents secondaires, d'officiers et maîtres de ports, d'un inspecteur des phares, de maîtres et gardiens de phares et fanaux, du personnel spécial de l'Arsenal de la Goulette, et d'agents inférieurs d'ordres divers.

Le *service des Mines* comprend : les mines, usines, carrières, salines, eaux minérales, établissements thermaux, ainsi que la carte géologique de la Régence.

A la tête du service des mines est placé un ingénieur des mines assisté de gardes-mines et d'agents d'ordre inférieur.

Voies de communication. — A vrai dire, les routes carrossables sont bien rares ; les routes du Bardo, de Hammman-Lif et de la Goulette sont seules véritablement dignes d'être appelées carrossables.

D'importants travaux d'amélioration ont été entrepris sur les routes de Tunis au Kef par Teboursouk, et de Souk el Arba au Kef. Le réseau des routes de Tunis à Zaghouan a été considérablement augmenté et on ne s'arrêtera pas là, car 1.000 kilomètres de routes seront exécutés en 1886 dans l'intérieur de la Régence. Il suffit, du reste, de jeter les yeux sur le budget tunisien pour voir que le crédit alloué aux Travaux Publics est de beaucoup plus élevé que ceux consacrés aux autres départements. Dès maintenant on peut assurer qu'une somme de 6 millions sera employée, l'an prochain, pour les travaux publics.

Chemins de fer. — Il y a actuellement en Tunisie trois réseaux de chemins de fer. Celui de *Tunis à la Goulette* (18 kilomètres) ; la ligne de *Tunis à Hammam-Lif* (18 kilomètres) qui, dans un délai rapproché, sera continuée jusqu'à Gabès, et enfin la grande voie de *Tunis à Ghardimaou* (195 kilomètres). Sur cette dernière ligne on rencontre les stations de Manouba, Djedeida, Tebourda, Bordj-Toumi, Medjex-El-Sab, Oued-Zargua, Béja, Sidi-Zehili, Souk-el-Kmis, Ben-Béchir, Souk-el-Arba, Sidi-Meskine, Oued-Meliz et Ghardimaou. Le 24 août 1884, M. le Ministre Résident, accompagné du Directeur des Travaux Publics de la Régence, s'est rendu à la frontière algérienne pour procéder à la pose du dernier rail de la ligne ferrée de *Ghardimaou à Souk Ahrras*.

Il y a en cours d'exécution les chemins de : *Tunis à Bizerte* (99 kilomètres), *Tunis à Sousse* (13 kilomètres), *Gabès à Tebessa*.

D'autre part, le Gouvernement Tunisien ayant concédé des mines de fer (en Kroumirie) aux deux Sociétés, la Compagnie de Mokta-El-Halid et la Société des Etudes de Mines de Tabarka, ces deux compagnies ont, en échange du privilège qui leur était accordé, pris l'engagement d'exécuter à leurs frais une ligne ferrée partant du sud de l'exploitation et se dirigeant vers le cap Serrat en suivant la vallée de l'Oued Ramira. A l'embouchure de cette rivière, on construira un port à la création duquel la disposition de la côte se prête parfaitement. Le premier tronçon, qui est à la charge de la Société des Etudes de Mines de Tabarka, aura une longueur d'environ 25 kilomètres. Un autre tronçon, de même étendue, construit par la Compagnie de Mokta, reliera le port dont nous venons de parler à la ville de Tabarka. Le port antique sera rétabli et approprié aux exigences de la navigation moderne. On peut donc espérer que, dans un avenir rapproché, l'exploitation du Djebel-Bellif sera reliée à la station de Béja par une voie ferrée, qui établira ainsi une communication facile entre Tabarka et la capitale de la Tunisie.

Ports. — Deux grands ports sont en construction : l'un sur la Medjerdah, l'autre sur l'Oued Mellègue.

Les travaux de port à Sousse et à Monastir sont en exécution, ainsi que ceux plus importants de la Goulette, Bizerte, Sfax, Mehdia, Houmt-Souk.

La question du port de Tunis est de nouveau à l'ordre du jour ; dès cette année même les travaux seront commencés. Il est probable que le projet de la Commission prévaudra ; la Commission est d'avis, on le sait, de créer l'avant-port au sud de la Goulette, c'est-à-dire dans la région très limitée qui s'étend entre l'ancien arsenal et le port de bateaux établi sur la bouche du lac.

Forêts. — Le Gouvernement tunisien, comprenant que les forêts de la Régence constituent une des richesses du pays, a confié à un service spécial, à la tête duquel est placé un Directeur Général des forêts, la conservation et la mise en valeur des forêts. La direction des forêts dépend de la direction générale des Travaux Publics.

X

SYSTÈME MONÉTAIRE. — POIDS ET MESURES

I. — Monnaies.

La monnaie tunisienne est la *piastre* ou *rïal* d'argent dont la valeur est de 0,60 centimes. Les monnaies se divisent en pièces d'or, d'argent et de cuivre.

PIÈCES D'OR

					F.
Le *Boumya*	valant	100	piastres	ou	60 29.
Le *Boukamsin*	»	50	»	»	30 19.
Le *Boueücherin*	»	20	»	»	12 09.
Le *Bouâchera*	»	10	»	»	5 93.
Le *Boukamsa*	»	5	»	»	2 92.

PIÈCES D'ARGENT

					F.
Le *Bouarbâa*	»	4	»	»	2 46.
Le *Boutslatsa*	»	3	»	»	1 84.
Le *Bourialin*	»	2	»	»	1 23.
Le *Bouriel*	»	1	»	»	0 60.
Le *Nusria*	»	1/2	»	»	0 30.

PIÈCES DE CUIVRE

		F.
Le *Bourboô*	» 1/4 de piastre, ou	0 15.
La *Boussette*	» un peu moins que 1/2 du bourboô, ou	0 06.
Le *Caroube*	valant à peu près le 1/4 du bourboô.	
L'*Aspre*	valant 1/3 de la Caroube	0 03.
Le *Fets*	» 1/6 de la Caroube	0 005

II. — Poids et Mesures.

Poids. — Trois espèces de poids de commerce :

1° Le *Rottel-Attari* = 16 onces (*uhie*) = 506 grammes 90.

Pour les métaux ordinaires ou précieux :

Une once = 31 gr. 68.

Unquintal = 100 livres (*rottel attari.*)

Pour le coton brut, un quintal = 110 livres.

Pour le coton et le fer, un quintal = 150 livres.

2° Le *Rottel-Souky* à 18 onces = 568 gr. 445 pour les viandes, les fruits et l'huile.

3° Le *Rottel-Kadari* à 20 onces = 629 gr. 453 pour les légumes.

Mesures. — L'unité pour la mesure linéaire est le *drah* ou *pik*. On distingue :

Le *drah Endelsy* qui vaut 0^m 673 et dont on se sert pour les étoffes de laine.

Le *drah Tourki* qui vaut 0m 637 pour les étoffes, toiles et soieries.

Le *drah Arbi* qui vaut 0m 488 pour les étoffes de coton.

On emploie pour les terres et les maisons le *drah Melaki* ou *bras de l'ange*, c'est-à-dire la longueur de deux bras déployés, y compris le corps, d'un index à l'autre index.

Les mesures de capacité sont :

Pour les huiles, le métal de 16 *Sas*. Le *Sas* correspond à 3 litres 12 centilitres et demi.

Pour les céréales, les *Rouïba* de 12 Sas (3 lit. 12 centilitres et demi). 16 Rouïba forment un Caffis. Le *Caffis* vaut 6 hectolitres.

Il importe de faire remarquer que les mesures ont, suivant les localités, une valeur différente. Aussi, avons-nous vu avec plaisir le Conseil Général de Constantine émettre, tout dernièrement, un vœu à l'adresse de M. le Ministre des Affaires Etrangères pour obtenir que le système des poids et mesures ainsi que le système monétaire de la Régence de Tunis soient remplacés par le système métrique, et que la piastre tunisienne fasse place à la monnaie française. Commentant ce vœu, le rédacteur de l'*Akbhar*, d'Alger, s'exprimait ainsi : « On ne se rend pas suffisamment compte des difficultés de toute nature que rencontrent les transactions en Tunisie par suite du gâchis qui règne au milieu de cette variété de poids et mesures qui existe dans chaque localité différente. Pour en donner une idée exacte, il suffira de citer ce fait que la *Rouïba*, mesure de capacité pour les grains, varie en raison de la distance du lieu où on l'emploie au port d'embarquement. Ainsi, à Bëja, la Rouïba est le double de celle de Tunis, parce que les transporteurs prennent une rouïba d'orge pour le transport d'une autre rouïba qu'ils livrent au destinataire à Tunis. Et pour les piastres et les caroubes, quelle confusion avec ces variations dans le cours du change! »

L'adoption des monnaies et des mesures françaises par la Tunisie sera très favorable, non seulement à ce pays, mais encore à la France, et nous ne pouvons que nous associer au vœu si utile émis par le Conseil Général de Constantine.

XI

ANNEXES

1. — Tableau chronologique de la famille régnante.

	NAISSANCE	AVÈNEMENT	DÉCÈS
Hussein	1669	1705	1740
Aly Ben Mehemed Tourhi	1689	1740	1756
Mohamed Ben Hussein	1710	1756	1759
Aly Ben Hussein	1712	1759	1782
Hamouda Pacha	1759	1782	1814
Othman Bey	1762	1814	1815
Mohamed Bey	1756	1815	1824
Hussein Bey	1778	1824	1835
Moustapha Ben Hahmoud Bey	1786	1835	1837
Ahmed Ben Moustapha Bey	1806	1837	1855
Mohamed Ben Hussein Bey	1811	1855	1859
Mohamed Essadok Bey	1814	1859	1882

2. — Famille régnante.

Son Altesse **SIDI ALY BEY DE TUNIS**. Né en l'an 1817. Elu le 28 Octobre 1882.

Son frère, le Prince Mohamed Et-Taïb Bey, Héritier Présomptif. Né en 1821.

Le Prince Hussein Ben Mehemed Bey. Né en 1839.

Le Prince Moustapha Ben Aly Bey. Né en 1845.

Son cousin, le Prince Salah Ben Lamine Bey. Né en 1845.

Le Prince Mohamed Ben Aly Bey. Né en 1855.

Le Prince Mohamed En-Nasser Ben Mehemed Bey. Né en 1855.

Le Prince Mohamed Ben El-Mamoune Bey. Né en 1858.

Le Prince Ismaïl Ben Aly Bey. Né en 1866.

Son frère, le Prince Ahmed Ben Aly Bey. Né en 1863.

Le Prince Mahmoud Ben El-Adel Bey. Né en 1866.

Le Prince Hamouda Ben Moustapha Ben Aly Bey. Né en 1866.

Le Prince Mohamed El-Mamoune Ben Hussein Bey. Né en 1867.

Le Prince Soleyman Ben Aly Bey. Né en 1867.

Le Prince Mourad Ben Hussein Bey. Né en 1871.

Son frère, le Prince Mohamed Es-Saâid Bey. Né en 1873.

Le Prince Ez-Zeddine Ben Mohamed El-Mamoune. Né en 1875.

Le Prince Et-Tahar Ben Mohamed Bey. Né en 1877.

Le Prince Mohamed El-Bachir B. Md El-Mamoune. Né en 1877.

Le Prince Rachid Ben Moustapha Bey. Né en 1879.

Le Prince Mohamed Es-Saâid Ben Moustapha Bey. Né en 1880.

Le Prince El-Bachir Ben Mohamed Bey. Né en 1880.

Le Prince Mohamed El-Moncef Ben En-Nasser Bey. Né en 1881.

Le Prince Ez-Zeddine Ben Moustapha Bey. Né en 1882.

3. — Principaux décrets rendus par les Beys de Tunis depuis 1845.

En vertu de l'art. 1er du décret du 10 novembre 1884, le Ministre Résident général de France à Tunis a été désigné à l'effet d'approuver au nom du Gouvernement Français la promulgation et la mise à exécution, dans la Régence de Tunis, de tous les décrets rendus par S. A. le Bey.

Il nous a paru utile de donner la liste des principaux décrets auxquels pourront se reporter les personnes qui voudraient les consulter en vue d'études particulières sur l'administration, les institutions de la Tunisie, etc.

1845	Décret	sur les Khodors de Djerba.
7 févr. 1857	—	fixant la taxe sur les légumes secs.
30 août 1858	—	instituant la Municipalité de Tunis.
19 juillet 1860	—	sur les vins et spiritueux.
13 nov. 1860	—	id.
13 mars 1862	—	sur la fabricat. des objets d'argent.
31 déc. 1865	—	sur les droits de chancellerie.
15 avril 1868	—	sur la Commission financière.
4 nov. 1868	—	organisant l'Achour sur les céréales.
11 nov. 1868	—	relatif à la Karoube sur la vente des immeubles.
5 juillet 1869	—	instituant la Commission financière.
4 octob. 1869	—	relatif à l'Achour sur les céréales (art. 7 à 10).
15 nov. 1869	—	sur les pouvoirs du Président de la Commission financière.
23 mars 1870	Arrangement	avec les créanciers de la Régence portant fixation de la Dette Tunisienne.
25 mars 1870	Décret	approuvant l'arrangement du 23 mars 1870.

19 mai 1870	Décret	organisant le service de la Ghaba.
19 mai 1870	—	sur la rémunération du personnel de la Ghaba.
13 août 1870	—	sur les frais de perception des dîmes.
13 janv. 1870 et 21 mars 1871	—	réglant les perceptions du marché aux huiles de Tunis.
16 janv. 1871	—	annexant les Poids Publics à la Régie des tabacs.
16 mars 1871	—	sur le poinçonnage des matières d'argent.
27 juillet 1871	—	sur les fraudes en matière.
8 nov. 1871	—	réglementant l'impôt du timbre.
8 févr. 1872	—	sur les Poids Publics.
25 mars 1872	Décision Beylicale	sur l'impôt du timbre.
10 av., 28 mai, 23 juillet 1872	—	d°.
23 mai 1872	Décret	relatif à l'impôt sur le charbon de bois.
1 octob. 1872	—	sur le pesage de l'orfèvrerie d'arg.
9 octob. 1872	—	sur la police de la vente des matières d'or et d'argent.
10 déc. 1872	—	sur la fabrication des objets d'or.
15 et 20 janv. 1873	—	sur les droits à payer pour les matières d'argent.
14 avril 1873	—	sur les effets de l'accord entre acheteurs et vendeurs au sujet du paiement des taxes.
8 sept. 1873	—	sur les adjudications du fermage et de la dîme des oliviers.
22 déc. 1873	—	relatif aux droits sur la chaux et les briques.
3 mars 1874	—	sur la fabrication des objets d'arg.
27 juin 1874	—	sur le versement des dîmes.
11 août 1874	—	sur la vente des céréales.

13 octob.	1874	Décret	sur les Poids Publics.
28 avril	1875	—	modifiant le règlement du conseil d'administration des Revenus Concédés.
6 mars	1876	—	sur la prescription quinquennale des coupons de la Dette.
20 sept.	1876	—	sur la vente des matières d'or.
18 mars	1877	—	sur les quittances d'impôts.
14 août	1877	—	sur la restitution des droits de mesurage des céréales en cas d'exportation.
30 janv.	1879	—	fixant le tarif de la vente de la poudre.
6 octob.	1879	—	sur la décorat. du Nicham Iftikhar.
5 fév.	1881	—	modifiant l'article 3 du règlement du Conseil d'administration des Revenus Concédés.
25 mai	1881	—	établissant un droit sur les farines, semoules, etc.
8 juin	1881	—	modifiant les articles 1, 3 et 5 du règlement du Conseil d'administration des Revenus Concédés.
30 octob.	1881	—	relatif à la participation des riverains aux dépenses de construction de divers rues et égouts de la ville de Tunis.
1 déc.	1881	Arrêté	ministériel sur la propriété des forêts et des mines.
5 janv.	1882	Décret	relatif à la Karroube sur les immeubles.
6 janv.	1882	—	relatif aux aliénations des biens de l'Etat.
21 mars	1882	—	sur le magasinage des marchandises à la douane de Tunis et de la Goulette.
20 avril	1882	—	sur la vente des charbons.

8 juin	1882	Décret	relatif à la Karroube sur les loyers.
12 juillet	1882	—	fixant le prix du transport des marchandises à la douane de Tunis.
3 sept.	1882	—	instituant une Direction Générale des Travaux Publics.
4 nov.	1882	—	instituant une Direction des Finances de la Régence.
7 nov.	1882	—	relatif aux objets d'art et d'antiquité.
11 nov.	1882	—	sur le Fondouk de l'huile.
9 déc.	1882	—	sur la décorat. du Nicham Iftikhar.
9 déc.	1882	—	fixant le jour des servitudes milit. autour des places de guerre.
24 déc.	1882	—	sur la vente du sel.
27 déc.	1882	—	déclarant propriété de l'Etat les fruits des biens des dissidents du Djérid.
8 janv.	1883	—	réglementant la participation des riverains aux dépenses de construction et réparation des rues et égouts.
8 janv.	1883	—	établissant une taxe pour l'entretien des rues et égouts de la ville de Tunis.
14 janv.	1883	Arrêté	ministériel sur la décoration du Nicham Iftikhar.
18 janv.	1883	Décret	réglementant l'introduction et la vente des armes.
27 janv.	1883	—	réglementant la publication et la promulgation des lois, décrets et actes publics.
27 janv.	1883	—	édictant des mesures préventives contre le phylloxera.
4 févr.	1883	—	instituant un Secrétariat Général du Gouvernement Tunisien.
17 févr.	1883	—	sur le pâturage dans l'île de Djerba.

22 févr. 1883 Décret relatif à la déclaration d'utilité publique des travaux de voirie municipale à Tunis.

12 mars 1883 — sur l'établissement et le règlement du budget de l'Etat.

10 avril 1883 — allouant des indemnités aux européens victimes des événements insurrectionnels de Sfax.

18 avril 1883 — promulguant la loi du 27 mars 1883 sur l'organisation de la juridiction française en Tunisie.

5 mai 1883 — étendant aux étrangers la juridiction des tribunaux français.

6 mai 1883 — instituant une Direction de l'Enseignement Public.

14 juin 1883 — prescrivant la délimitation des propriétés riveraines du lac de Tunis près de la Marine.

28 juin 1883 — instituant une Direction des Forêts de la Régence.

25 juillet 1883 — organisant le service des Travaux publics de la Régence.

18 août 1883 — interdisant la pêche à la torpille dans la rade et le canal de la Goulette et dans la baie de Radès.

30 sept. 1883 — soumettant les Tunisiens incorporés dans les compagnies mixtes aux dispositions du code de justice militaire français.

10 octob. 1883 — portant fixation du budget de l'Etat pour l'exercice 1300.

19 octob. 1883 — classant diverses places de guerre.

31 octob. 1883 — relatif à l'organisation municipale de la ville de Tunis.

11 nov. 1884 — articles 5 et 6 relatifs au paiement des indemnités de Sfax.

17 nov.	1883	Décret	fixant la taxe des Kefassas due à Dar-el-Geld.
28 nov.	1883	—	portant fixation des droits perçus à Tunis et à la Goulette sur le charbon et le bois d'araar.
13 déc.	1883	—	sur les indemnités de Sfax.
17 déc.	1883	—	sur la police des rades et ports.
19 déc.	1883	—	sur l'établissement et le règlement du budget de l'Etat.
9 janv.	1884	—	déclarant propriété de l'Etat les fruits des biens des dissidents des Neftat.
27 févr.	1884	—	relatif au paiement du solde des indemnités de Sfax.
28 févr.	1884	—	réglementant la perception des taxes de Dar-el-Geld de Tunis sur les animaux des espèces bovine et ovine.
4 mars	1884	—	réglementant le Fondouck el Ghalla de Tunis.
9 mars	1884	—	relatif à la période pendant laquelle s'exerceront les droits de l'Etat sur les fruits des biens des dissidents.
12 mars	1884	—	réglementant la chasse.
12 mars	1884	—	articles 4 à 7 relatifs à l'importation des chéchias.
3 avril	1884	Arrêté	ministériel sur la garantie des Cheiks collecteurs d'impôts.
23 avril	1884	Décret	approuvant la convention du 15 du même mois relative à l'éclairage au gaz de la ville de Tunis.
7 mai	1884	—	portant concession de mines de fer, d'un chemin de fer et d'un port au cap Serrat.
7 mai	1884	—	portant concession de mines de fer,

			d'un chemin de fer et d'un port à Tabarka.
17 mai	1884	Convention	relative à l'extradition des Tunisiens et des Algériens.
26 mai	1884	Décret	sur la police des quais et appontements des ports.
27 mai	1884	—	autorisant l'émission d'une rente perpétuelle 4 0/0 de 6.307.520 fr.
31 mai	1884	—	réglement. le transport des voyageurs entre la rade et la Goulette.
2 juin	1884	—	établissant une taxe municipale à Sfax.
3 juin	1884	—	réglementant le marché aux huiles de Tunis.
10 juin	1884	—	instituant la Municipalité de la Goulette.
19 juin	1884	—	réglementant le tarif du timbre sur les quittances des contribuables.
2 juillet	1884	—	autorisant la Municipalité de Tunis à prendre certaines mesures de salubrité.
8 juillet	1884	—	instituant la Municipalité du Kef.
8 juillet	1884	—	prescrivant des mesures de salubrité à Tunis.
8 juillet	1884	—	relatif au barrage des égouts de Tunis.
10 juillet	1884	—	complétant le décret organique du timbre en date du 8 nov. 1871 et portant une disposition formelle pour les titres non timbrés.
16 juillet	1884	—	instituant les Municipalités de Sfax, Sousse et Bizerte.
23 juillet	1884	—	interdisant les jeux de hasard.
30 juillet	1884	—	sur la police des inhumations à Tunis.

31 juillet 1884	Décret	étendant la juridiction des tribunaux français.
6 août 1884	—	relatif à la prestation de serment des agents chargés de verbaliser.
1 sept. 1884	—	sur la chaux et les briques fabriquées à Tunis et dans sa banlieue.
17 sept. 1884	—	sur la taxe des animaux destinés à la boucherie.
23 sept. 1884	—	portant remise aux villes de Tunis, la Goulette, Sfax et Sousse de la Karroube sur les loyers.
2 octob. 1884	—	portant suppression de la Commission Financière et de l'Administration des Revenus Concédés et organisant la Direction des Finances.
3 octob. 1884	—	réglementant les douanes et les monopoles de l'Etat.
3 octob. 1884	—	supprimant les teskérés d'importation et les droits de Giornata.
3 octob. 1884	—	fixant les droits d'importation sur les huiles.
7 octob. 1884	—	accordant un délai de trois mois pour la mise à exécution de l'art. 185 du décret du 14 Hidjé 1301 (3 octobre 1884).
7 octob. 1884	—	portant fixation du budget de l'Etat pour l'exercice 1302.
11 octob. 1884	—	établissant une taxe sur les voitures publiques à Tunis.
14 octob. 1884	—	sur la liberté de la presse.
8 nov. 1884	—	sur l'établissement et le règlement du budget de l'Etat.
14 nov. 1884	—	approuvant la convention du 6 du même mois (25 octobre 1884) re-

			lative à l'alimentation hydraulique de Tunis et de sa banlieue.
15 nov.	1884	Décret	établissant les tarifs des droits à percevoir sur les cafetiers pour occupation de la voie publique à Tunis.
8 mars	1885	—	portant création d'un Musée et d'une Bibliothèque française.
1 avril	1885	—	sur l'organisation des Communes de la Régence.
14 avril	1885	—	portant concession en faveur de la Cie Bône-Guelma et prolongements d'un embranchement de chemin de fer entre Béja gare et Béja-ville.
3 mai	1885	—	relatif à l'importation des armes de luxe dans la Régence.
19 mai	1885	—	sur la police des inhumations.
27 juin	1885	—	instituant la commission scolaire.
5 juillet	1885	—	relatif au remboursement à l'exportation des droits de porte et des droits de mesurage sur les céréales et les légumes secs.

4. — Tarif des droits d'exportation en unités françaises.

DÉSIGNATION DES MARCHANDISES	BASES	TOTAL DES DROITS
		F. C.
Alizari	100 kilogr.	25 73
Amandes : en coques	—	6 44
— sans coques	—	19 22
Anes	Tête.	6 39
Arrjaknou (racine pour la teinture)	100 kilogr.	2 02
Beurre frais et salé	—	25 73
Bœuf et veaux	Tête.	15 69
Bourghol (blé concassé)	Hectolitre.	2 01
Boutargues et thon	100 kilogr.	6 44
Cailles et menu gibier	Le cent.	3 96
Cire	100 kilogr.	12 63
Citrons	Caisse de 200 citrons.	0 15 1/2
Chameaux	Tête.	18 99
Chevaux de cinq ans et plus	—	62 77
Chiffons	100 kilogr.	2 63
Coton	—	12 79
Peaux de bœufs, de vaches, de veaux, de chevaux, de chameaux, d'ânes, de mulets	—	7 76
Dattes : Gabès	—	2 01
— besser (vertes)	—	0 77
— horra (qualité inférieure)	—	5 34
— degla (qualité supérieure)	—	14 »
Eponges : non lavées	—	19 22
— lavées	—	38 59
Farine	—	2 01
Figues sèches	—	2 63
Gemmar	10 p. % sur la valeur et 2 p. % sur le droit principal.	
Ghemmen (fleurs de myrte)	100 kilogr.	6 44
Goudron	—	6 44
Graine de lin	Hectolitre.	1 01
Graisse	100 kilogr.	6 44
Grignons	Hectolitre.	0 21

DÉSIGNATION DES MARCHANDISES	BASES	TOTAL DES DROITS
		F. C.
Guentess (graine de pyrèthre)	100 kilogr.	5 19
Halfa et diss : Tunis, Sousse, Monastier, Mehdia	—	2 01
— Sfax, Gabès, Gerba, Zersis	—	1 33
Henna	—	3 95
Huile : d'olive	—	12 79
— de grignons (extraite par l'emploi du sulfure de carbone)	—	3 95
Indigo	—	12 79
Laine : en suint	—	14 »
— bounettouf (débris)	—	16 48
— lavée	—	27 99
— filée	10 p. % sur la valeur et 2 p. % sur le droit à payer.	
Lièvres	100 pièces.	23 71
Miel	100 kilogr.	12 63
Mohamès (gros couscous) et couscous	Hectolitre.	4 02
Moutons, agneaux, boucs et chevreaux	Tête.	1 32
Mulets	—	15 69
Œufs	Le cent.	0 65
Oies et canards	—	23 71
Olives en saumure	100 kilogr.	9 07
Os et cornes d'animaux	—	1 32
Ouvrages en alfa, en joncs et feuilles de palmier	10 p. % sur la valeur et 2 p. % sur le droit à payer.	
Peaux : de chèvres et de chevreaux	100 kilogr.	12 63
— de moutons et d'agneaux	—	10 23
Pigeons	100 pièces.	7 91
Perdrix	—	7 91
Pistaches	100 kilogr.	38 13
Poils de chèvres et de chameaux	—	12 63
Poissons salés	—	1 »
Poulains	Tête.	31 38
Poules, poulets, coqs	Le cent.	15 81
Poulpes	100 kilogr.	12 63
Raisins secs	—	2 63
Sangsues	Kilogr.	6 32
Savon	100 kilogr.	5 34
Sang	—	1 32
Son	Hectolitre.	0 10 1/2

DÉSIGNATION DES MARCHANDISES	DATES	TOTAL DES DROITS
		F. C.
Scories	100 kilogr.	1 62
Semoule	—	2 01
Soude	Hectolitre.	1 50
Souèk (écorce de noyer)	100 kilogr.	62 16
Tan	—	2 01
Tissus de laine	10 p. % sur la valeur et 2 p. % sur le droit à payer.	

MARCHANDISES PROHIBÉES

Les femelles de tous les animaux.

NOTA. — Indépendamment des droits de douane d'exportation compris au tarif qui précède, le service des douanes continuera provisoirement à percevoir, savoir :

1° Les droits de Kalben, de mesurage et de pesage ;

2° Les droits de Kataïa (droits de colis) et de Kantria qui n'ont pas été supprimés par le décret du 3 octobre 1884 ;

3° Les droits additionnels à l'exportation actuellement autorisés.

Ces perceptions seront faites aux taux fixés par les usages locaux.

5. — Tarif d'importation.

(Annexe au décret du 3 octobre 1884.)

I

ARTICLES ADMIS EN FRANCHISE

Armes de luxe, — douilles, — bourres, — céréales (blé, orge, maïs), — imprimés, — or en lingots, — argent en lingots, — pierres meulières.

Les instruments et machines servant à l'agriculture

et les bestiaux et autres animaux destinés à l'amélioration des races indigènes sont également exempts, lorsqu'il est prouvé que lesdits instruments et bestiaux sont destinés à l'usage privé d'un particulier et non au commerce, cas auquel ils sont soumis au payement du droit de 8 p. 0/0.

II

ARTICLES TARIFÉS

ARTICLES		BASES	DROITS
Bijouterie	en argent	Valeur.	1 p. %
	en or	—	1/2 p. %
	montée avec pierres préc.	—	1/4 p. %
Corail brut		—	3 p. %
Dorures fines au titre de 750 p. ‰ et au-dessus		—	3 p. %
Horlogerie	en or	—	1/2 p. %
	argent et cuivre	—	1 p. %
Ivoire brut		—	3 p. %
Vins et spiritueux		—	10 p. %
Tous autres articles sans distinction, sauf exception pour les articles admis en franchise et ceux dont l'importation est prohibée		—	8 p. %

III

ARTICLES PROHIBÉS

ARTICLES DONT L'INTRODUCTION EST PROHIBÉE

Première catégorie.

Armes et munitions de guerre, — Nitrate de soude, — salpêtre, — soufre, — sel et tabac, — kif, — chira, — hachich.

Deuxième catégorie.

Ceps de vigne ou sarments.
Fruits et légumes frais.
Plants d'arbres et feuilles de vigne. Seules les pommes de terre sont admises à l'importation moyennant payement du droit de 8 p. 0/0, mais après avoir été lavées et entièrement dégarnies de terre.

Les prohibitions pour les articles de la deuxième catégorie ne s'étendent pas aux frontières de terre. Ces articles, lorsqu'ils proviennent de l'Algérie, peuvent même être importés par voie de mer, sur la production d'un certificat d'origine délivré par le maire du port d'embarquement et visé au port de débarquement par l'autorité consulaire française. En ce cas, ils sont soumis à leur entrée au droit de 8 p. 0/0.

TABLE DES MATIÈRES

BAR-LE-DUC. — TYP. DE L'ŒUVRE DE SAINT-PAUL
SCHORDERET ET Cie. — 1570

DU MÊME AUTEUR :

ÉTUDE
SUR LA
RÉPUBLIQUE DE SAINT-MARIN

Douai, 1883 — 1 volume in-8°

EN VENTE CHEZ CHALLAMEL AINÉ, ÉDITEUR

Paris, 5, rue Jacob

Tunisie. Géographie et guide du voyageur, par O. NIEL, in-12, avec carte 4 50

Notice abrégée sur la Régence de Tunis, par CUBISOL, in-18 avec 16 planches .... 3 »

Tunis. Histoire, mœurs, gouvernement, etc., etc., par DES GODINS DE SOUHESMES, in-18, 3e édition 3 50

Description géographique de Tunis et de la Régence, par le Commandant VILLOT, in-8°, avec carte .... 2 »

La Régence de Tunis au XIXe siècle, par A. DE FLAUX, in-8° .... 6 »

La Tunisie sous le protectorat et son annexion à l'Algérie, par ED. DESFOSSÉS, in-8° .... 2 »

La Tunisie. Le christianisme et l'Islam dans l'Afrique septentrionale, par MARC FOURNEL, in-18 .... 2 »

De Bône à Tunis, Sousse, Kairouan, par VICTOR CAMBON, in-18, avec photographies, 4 fr., sans photographies 2 50

Histoire malacologique de la Régence de Tunis, par J.-B. BOURGUIGNAT, in-4°, avec carte .... 7 »

Voyage archéologique dans la Régence de Tunis, par VICTOR GUÉRIN, 2 vol. in-8°, avec cartes et plans .... 20 »

Livres pour l'étude de la langue arabe.

---

www.ingramcontent.com/pod-product-compliance
Lightning Source LLC
Chambersburg PA
CBHW050010100426
42739CB00011B/2588
9782012564480